新法則化シリーズ

「算数」授業の新法則

1年生編

企画・総監修
向山洋一

編集・執筆
TOSS「算数」授業の新法則 編集・執筆委員会

学芸みらい社
GAKUGEI MIRAISHA

巻　頭　言

「新法則化シリーズ」刊行にあたって

日本教育技術学会会長　TOSS代表
向山洋一

　1984年「教育技術の法則化運動」が立ち上がり、日本の教育界に「衝撃」を与えた。「法則化」の本は次々と出され、ベストセラーになっていった。向山著はいずれも万を超える売り上げを記録した。教育雑誌も6誌が創刊された。そして20年の時が流れ、法則化からTOSSになった。
　誕生の時に掲げた4つの理念はTOSSになった今でも変わらない。
1　教育技術はさまざまである。出来るだけ多くの方法を取り上げる。
　（多様性の原則）
2　完成された教育技術は存在しない。常に検討・修正の対象とされる。
　（連続性の原則）
3　主張は教材・発問・指示・留意点・結果を明示した記録を根拠とする。
　（実証性の原則）
4　多くの技術から、自分の学級に適した方法を選択するのは教師自身である。（主体性の原則）
　そして十余年。TOSSは「スキルシェア」のSSに加え、「システムシェア」のSSの教育へ方向を定めた。これまでの30年の歩みは、はっきりと足跡を残し、書籍、雑誌は、数えきれない。常に教師の技量向上を目指し、またその時々の教育界のテーマをとらえ課題提起してきた。理念通りに歩んできたから多くの知の財産が残ったのである。
　今年度、TOSSは新しく大きな一歩をふみ出した。新しい地を切り開いた。
　第一は、新法則化シリーズ（全教科）の発刊である。
　第二は、毎月1000円程度の会費で利用できる「TOSSメディア」の発進である。
　これまでの蓄積された情報をTOSSの精鋭たちによって、2015年発刊されたのが「新法則化シリーズ」である。
　教科ごと、学年ごとに編集されている。日々の授業に役立ち、今の時代に求められる教師の仕事の仕方や情報が満載である。ビジュアルにこだわり、読みやすい。一人でも多くの教師の手元に届き、目の前の子ども達が生き生きと学習する授業づくりを期待している。TOSSメディアと共に教育界を大きく前進させるだろう。
　教育は不易流行である。30年の歩みに留まることなく、新しい時代への挑戦である。教師が学び続けることが、日本の教育を支え、前進させることである。
　授業は流転することを求める。授業の変化の中に存在する。教師の教授活動と児童の学習活動の往復運動こそが授業である。
　教師は、教師の教授活動と児童の学習活動の向上を永久（とこしえ）に求め続ける。

まえがき

向山型算数のシステムをシェアしよう

　本書は，算数教科書をリズムとテンポ良く教えて平均90点を突破したい教師のための指南書です。小学1年〜6年までの全6巻です。すべて新しい算数教科書に対応させました。
　本書を読んで正しく追試すれば，明日の算数授業で子どもから「出来た！」「やった！」の声が響くでしょう。
　平均90点を超える子どもの事実が生まれ，教師は腹の底まで響く確かな手応えを感じることが出来るでしょう。

　教室には，さまざまな子がいます。算数が「得意な子」もいれば「苦手な子」もいます。発達障がいの子もいます。
　どの子も算数に熱中させる指導法が「向山型」です。本書には，向山型算数の成功実践が満載されています。

　また，本書から「授業システム」を学ぶことが出来ます。
　TOSSは今後大きく変革します。

スキルシェアリングからシステムシェアリングへ

　個々の指導技術や技能（スキル）を共有する運動から，それらを組み合わせた「授業システム」をいかに作って共有財産にしていくか，という大きな変革です。

　その先陣を切るのが向山型算数です。向山型算数は選び抜かれたパーツで構成された授業システムです。

以下は，典型的な授業システムの一つです。

　初めは教科書の例題指導です。
　問題文を読んで教師はテンポ良く指示します。（教えません）
①「ノートに『式』と書いて，式を書きなさい」
②「『ひっ算』と書いて，ひっ算を書きなさい」
③「『答え』と書いて，答えを書きなさい」
④「式・ひっ算・答えを3点セットといいます」
　次に，教科書の類題に進みます。
⑤「この問題も3点セットでやりなさい」「出来たらノートをもっていらっしゃい」
　そして，教科書の練習問題です。
　4問あれば2問目だけに○か×を付けます。（教えません）
　早く終えた子8名に板書させ，出来ない子の参考にさせます。
　遅れがちな子は，黒板のやり方を参考にして追い付きます。

　このように，基本的な授業システムが構築されているのです。
　システムの中でやんちゃ君への対応や出来ない子への赤鉛筆指導など，臨機応変な対応が必要になります。

　本書を自宅や教室に常備し，教材研究に生かしてください。
　本書によって，あなたの授業力がアップし，教師人生がさらに充実することを願います。

2014年12月

　　　　　　　　　　　　　　　　　　　　　　　　　　木村重夫

目　次

巻頭言　「新法則化シリーズ」刊行にあたって……………向山洋一
まえがき　向山型算数のシステムをシェアしよう…………木村重夫

第1章　算数科授業の新法則1年

　第1条　学習の手順が良くなる学習用具を用意させる…………10
　第2条　勉強が出来る子のノートは美しい……………………12
　第3条　優れた教材を選び正しく使う…………………………14
　第4条　教科書通りに教える……………………………………16
　第5条　ジャンプ箇所を乗り越えさせる………………………18
　第6条　毎時間全員の子どものノートを見る…………………20
　第7条　教室に空白を作らない…………………………………22
　第8条　言葉を削ってシンプルにする…………………………24
　第9条　教科書チェックの習慣を付けさせる…………………26
　第10条　難問・良問に挑戦させる………………………………28

第2章　4月の重要単元

　(1) 1年生を迎えるための用意
　　①ブロック・百玉そろばん徹底比較……………………………30
　　②「さんすうセット」……………………………………………32
　　③算数ノート……………………………………………………34
　(2) なかまづくりとかず
　　①仲間をくくる（絵の中から同じものを囲む）………………36
　　②1対1対応（1つ1つを線で結ぶ）……………………………38
　　③具体物と半具体物の対応……………………………………40
　　④半具体物と数字の対応………………………………………42

(3) なかまづくりとかず
　　　① 1〜5 の概念, 読み方, 書き方 ……………………………… 44
　　　② 6〜7 の概念, 読み方, 書き方 ……………………………… 46
　　　③ 0 の概念, 読み方, 書き方 …………………………………… 48

第3章　5月の重要単元
　(1) なんばんめ　まえから3にん, まえから3にんめ ………… 50
　(2) いくつといくつ　10までの数の分解 ……………………… 52

第4章　6月の重要単元
　(1) あわせていくつ　ふえるといくつ（たしざん）
　　　① あわせていくつ（合併）……………………………………… 54
　　　② ふえるといくつ（増加）……………………………………… 56
　　　③ 0 のたしざん ………………………………………………… 58
　　　④ もんだいづくり ……………………………………………… 60
　(2) のこりはいくつ　ちがいはいくつ（ひきざん）
　　　① のこりはいくつ（求残），のこりはいくつ（求補）……… 62
　　　② ちがいはいくつ（求差）……………………………………… 64
　　　③ 0 をふくむひきざん ………………………………………… 66
　　　④ もんだいづくり ……………………………………………… 68

第5章　7月の重要単元
　10 よりおおきいかず
　　　① 20 までの数の唱え方，数え方，読み方，書き方 ………… 70
　　　② 20 までの数の構成，系列，大小 …………………………… 72

第6章　9月の重要単元
(1) どちらがながい
　①長さの概念 …………………………………………………… 74
　②長さの測定 …………………………………………………… 76
(2) 3つのかずのけいさん
　簡単な3口の数の加減計算 …………………………………… 78
(3) どちらがおおい
　①かさの概念 …………………………………………………… 80
　②かさの測定 …………………………………………………… 82

第7章　10月の重要単元
(1) たしざん（繰り上がりのある加法）
　①たしざんをブロックやそろばんで操作する ……………… 84
　②たしざんをノートに書く …………………………………… 86
(2) かたちあそび
　立体図形の基礎概念と分類（はこの形, つつの形, ボールの形）
　………………………………………………………………… 88

第8章　11月～12月の重要単元
ひきざん（繰り下がりのある減法）
　①「減加法」をそろばんで操作する ………………………… 90
　②「減加法」をブロックで操作する ………………………… 92
　③「減加法」をノートに書く ………………………………… 94
　④「減減法」の指導 …………………………………………… 96

第9章　1月の重要単元

20よりおおきいかず

①100までの数の数え方，読み方，表し方 ················ 98

②100より大きい数の数え方，読み方，表し方 ············ 100

③2位数同士，2位数と1位数のかんたんなたし算ひき算 · 102

第10章　2月の重要単元

とけい

①短針の読み方 ··· 104

②長針の読み方 ··· 106

第11章　3月の重要単元

ずをつかってかんがえよう

①じゅんじょのず ·· 108

②くらべるず ·· 110

第12章　TOSSランドのおすすめサイト

子どもから驚きの声があがる！

TOSSランドおすすめサイト1年 ························· 112

第1章 算数科授業の新法則1年

> **第1条 学習の手順が良くなる学習用具を用意させる**
> **学習道具は脳科学の視点で吟味する**
> 鉛筆・赤鉛筆・ミニ定規を正しく使えることがポイント。

1 脳科学の視点から学習用具を選ぶ

ノートが丁寧に書けるために，1年生からぜひともそろえて，上級生になっても使いたい物が次の3点の道具である。そうすると，間違いが減り算数の学習が進んでいく。

①鉛筆（Bか2B）　②赤鉛筆　③ミニ定規

1年生だからこそ，この道具が大事なことの周知を徹底させ，保護者にも協力をお願いしてそろえるチャンスである。脳科学や，成長の段階もふくめて話しをすることがポイントである。学習のためのしつけの基本中の基本でもある。

2 鉛筆

鉛筆は，しっかりと文字が書ける道具であり，指の機能とも関係する。正しく使い，スムーズに数字や式が書けることをめざす。

鉛筆を持つためには，親指，人差し指，中指の3点で支える。更に小指球部（文字を書く時に手が机につく部分）の発達がとても大事である。

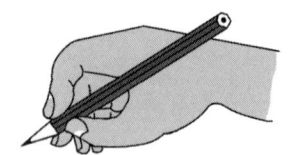
親指・人指し指・中指の三点支持

> 【保護者への説明】　鉛筆をしっかり持って，文字を書かせることは，文字を書く力を付けるとともに，手の機能も発達させます。入学後から，鉛筆を正しく持たせて学習させていきます。

3　赤鉛筆

　赤鉛筆は答え合わせの際に使い，丁寧に丸を付ける。きれいに丸付けが出来る子は，ノートが整理されてくる。計算入門の時期にも，赤鉛筆を活用する。

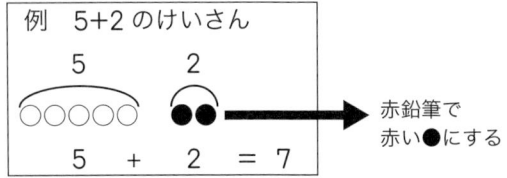

【保護者への説明】

　答え合わせなどの際には，赤鉛筆を使います。ボールペンやサインペンではきれいに書けません。やはり赤鉛筆でしっかり書かせていきます。

4　ミニ定規

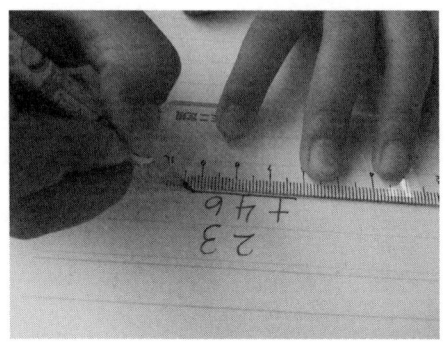

　線を引く時は，ミニ定規を使わせる。その時，左手が重要で，指先でしっかり押さえて動かないようにする。ここまでに時間がかかる。定規で線が引けるようになると，ノートの使い方が劇的に変わる。位をそろえることなどを意識出来るようになり指先に力も入る。上級生では，「+」「−」の記号まで定規で書かせるようにする。

【保護者への説明】

　ミニ定規を使って，上手に線が引けるようになると，ノートがとてもきれいになり，行や数字の位取りをそろえるなどを意識出来るようになります。指先に力が入るので，指先が鍛えられます。

【参考文献】向山洋一『こんな先生に教えられたらダメになる！』（PHP研究所）

（石川裕美）

第1章 算数科授業の新法則1年

> **第2条 勉強が出来る子のノートは美しい**
> **入門期のノート指導，何事も初めが肝心**
>
> ノートの手本を見せ，なぞらせ，美しいノートのイメージを持たせる。

1 ノート指導の初日に教えること

　1年生のノート指導は，他学年とは違うため，基礎の中の基礎から指導する。
　まずは，「教科書」「ノート」という学習用具の名前を教えることから始まる。そして，ノート指導初日に，子どもに以下のことを教える。

①算数ノートは，左開きであること。
②算数ノートは，横書きであること。
③1マスに，数字や平仮名を1文字ずつ書いていくこと。
④ノートは，ページをとばさずに前から順番に書いていくこと。
⑤下敷きを敷いて書くこと。また，つぎのページにいく時は，下敷きを抜いて，隣のページの下に挟むこと。

　担任も児童と同じノートを購入して，ノートの開き方や下敷きの敷き方などを，見本を見せながら指導する。また，マス目黒板で，教師はノートの見本を示しながら児童に書かせていく。（マス目黒板は，児童のノートのマス目の数と同じ物）

　初めてノートを使う子ども達は，不安な気持ちで一杯。だから初めは，「先生，どこにかくの？」「これでいい？」と，質問の嵐である。机間巡視をこまめにして，「ここに書くんだよ」「そう，それでいいよ」と何度も声を掛け，安心させる。

2 スーパー教材！
　　向山型ノートスキル

「向山型ノートスキル」は，「きれいなノートのお手本をなぞったり写したりしながら，きれいなノートの書き方を学ぶことが出来る教材である。「新・向山型算数ノートスキル」（東京教育技術研究所児童用学年別300円）。

年に3回以上この教材を使うと，本当にきれいなノートが書けるようになる。子どもも自分のノートが好きになり，保護者にも感謝される。

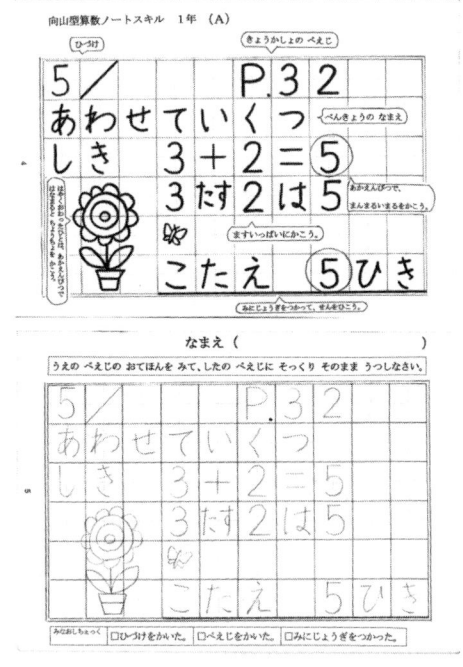

3 「ノートスキルの授業」の
　　やり方・留意点

1年生のノートスキルの授業の第1回目は，学習に慣れてきた5月頃である。「新・向山型算数ノートスキル」には，準備する物から，教師の指示の言葉まですべて書いてある解説書が付いている。

4 毎日ノートに書く

4月の算数開きから毎日ノートを書かせる。初めから書き続けるから，ノートは，毎時間書くものだと1年生も理解する。1年生でも5月には教師が指示しなくても学習開始時に日付とページがスッと書けるようになっている。何事も初めが肝心である。

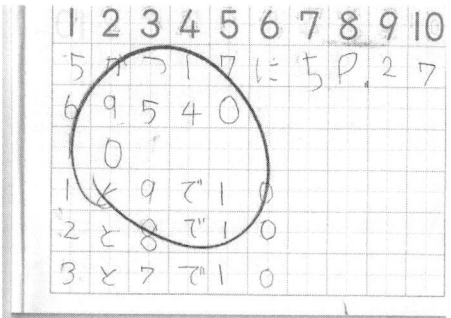

（本間尚子）

算数科授業の新法則1年

第1章　算数科授業の新法則1年

> **第3条　優れた教材を選び正しく使う**
> **優れた教材は子どもの学力を保障する**
>
> 授業の導入で使う20玉そろばんは，毎時間子ども達の大きな声が教室に響き渡り，学力保障も出来る優れた教材だ。

1　授業導入にぴったり！　20玉そろばん

「数唱。」第一声。「1，2，3，……」

チャイムと同時に授業を始める。子ども達の大きな声が教室中に響き渡る。黒板に教師用20玉そろばんをつけ，

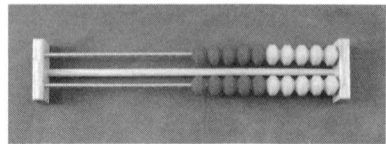

玉をはじいていく。子どもは子ども用20玉そろばんを机に置き，自分で玉をはじいていく。4月から始めて，1学期は次の内容を行った。

---

①順唱（逆唱）
②二とび順唱（逆唱）
③五とび順唱（逆唱）
④後いくつ十？
⑤どっちが多い？　上と下
⑥教師が言った数より1（2）つ多い（少ない）玉をはじく
⑦十までの足し算・引き算

授業の開始3分で次々行う。1学期終了時には全員が20までの数を，玉を1つずつ数えなくても一度で入れることが出来た。

算数は系統だって学ぶ教科だ。分からないままだと次へ進めない。数の量感が分かることは大変重要だ。具体的なあめ玉や鉛筆から1，2，3といった抽象概念の橋渡しをするのが，この20玉そろばんだ。20玉そろばんは数の概念を形成す

るのに役立つ優れた教材である。

2　微細運動が苦手な子どもも操作が簡単！

　20玉そろばんとさんすうセットに入っているブロックを比べてみた。ブロックを机の上に出したとたん子どもは何をするか？　ブロックを積み上げて，遊ぶ子が続出する。しかもあちこちに散らかるので，机の上がぐちゃぐちゃになる。ブロックを下に落とす子，拾う子，縦に並べたり，横に並べたり，子どもによって活動がバラバラになる。中に磁石が入っているので振るとかたかた音が鳴り，わざと鳴らす子も出てくる。

　それに比べると20玉そろばんは，玉がバラバラになったり，下に落ちたりすることがない。元に戻すのも片手で一瞬に出来る。微細運動が苦手な子どもも操作が簡単だ。教師の指示は短くて良い。ブロックに比べて50倍くらい練習が出来る感覚だ。

3　二学期からは百玉そろばんを使う

　教師用百玉そろばんを教卓にのせ，大きく動かして「ガッシャン」と音を鳴らす。これが開始の合図となる。子どもには子ども用百玉そろばんを1人1人に持たせ，操作させる。次の内容を授業開始時に始める。

①数唱・逆唱（二十）
②二とび順唱・逆唱（二十）
③五とび（順唱）（五〜六十）時計の読み方につなげるため
④十とび（順唱）（十〜百）
⑤十の階段
⑥十の合成（一と九で十，……）
⑦十の分解（十は一と九，……）
⑧隠し玉（順唱，二とび，五とび）玉を隠し，音を聞いて数を当てる

　優れた教材は子どもの学力を保障する。教材は教師が選ぶものだ。どれを使うかで子どもの学力にずいぶん違いが出ることは間違いない。私は子どもに力が付く教材を選び，子どもの学力を保障したい。

（溝端久輝子）

第1章 算数科授業の新法則1年

> **第4条 教科書通りに教える**
> **教科書を使った説明のさせ方**
> 教科書の説明の「型」を徹底的に身に付けさせることが有効である。

　算数で誰もが説明出来るようにするには，教科書の説明の「型」を使って，忠実に説明させることである。そのための手立てとして以下の3つがある。
① 何度も「型」を読ませる。
② 「型」を視写させる。
③ 「型」の穴空き文を提示する。

　以下に実践を記す。「ビルをつくろう」(東京書籍『新編あたらしいさんすう1下』55ページ)
　【問題】12まいのいろいたでビルをつくります。□を1つのへやにしてビルをつくりましょう。 ☆やくそく ①しかくのビルをつくる。 ②ぜんぶのいろをつかう。③いろいたは，くっつけてならべる。
　【型】この場合，以下の女の子の例文が型である。

1つのかいに3へやあって4かいだてのビルをつくりました。
しきにかくと，3+3+3+3=12です。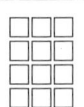

【授業の展開】
(1) 問題を読み，12枚の四角の色板を黒板にランダムに貼り，1枚1枚が部屋になることを確認する。
(2) 「やくそく」を読みながら，色板を並べる。

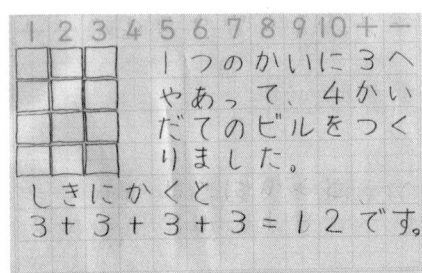

16

※わざと「やくそく」と違う並べ方をして，正しい並べ方を意識させる。
(3) 女の子の例文を読む。
(4) 女の子の例文と図を写す。
　※ 教師も黒板に一緒に写していく。
(5) 12枚で出来る他のビルを考えさせ，図をノートに描かせる。
　　①1つ図が描けたら持って来させる。
　　②合格したら，文を書かせる。
　この時，「型の穴あき文」を提示する。

【型の穴あき文】
1つのかいに□へやあって，□だてのビルをつくりました。
しきにかくと，□□□□□です。

　子ども達は次々に持って来，丸をもらうたびに歓声が上がった。描画が困難な子には色板を使わせると良い。

【12の部屋のいろいろな書き方】（図略）

① 1つのかいに1へやあって，12かいだてのビルをつくりました。しきにかくと，1+1+1+1+1+1+1+1+1+1+1+1=12　です。
② 1つのかいに2へやあって，6かいだてのビルをつくりました。しきにかくと，2+2+2+2+2+2=12　です。
③ 1つのかいに3へやあって，4かいだてのビルをつくりました。しきにかくと，3+3+3+3=12　です。
④ 1つのかいに4へやあって，3かいだてのビルをつくりました。しきにかくと，4+4+4=12　です。
⑤ 1つのかいに6へやあって，2かいだてのビルをつくりました。しきにかくと，6+6=12　です。
⑥ 1つのかいに12へやあって，1かいだてのビルをつくりました。しきにかくと，12=12　です。

(岩岸節子)

第1章 算数科授業の新法則1年

> **第5条 ジャンプ箇所を乗り越えさせる**
> **ジャンプ箇所を発見する教師の力量の付け方**
> まずは教師がジャンプ箇所を見抜く力量を付ける。そこから子どもへの手立てがうてる。

1 教科書のジャンプ問題を見抜くためには継続した修業が必要だ

教科書は基本的に次のような構成になっている。

①例題	教師と一緒に解いてみる。
②類題	例題で習ったことを用いて解いてみる。
③練習問題	習熟を図る。

しかし，この構成になっていない単元やページがある。このようなページにジャンプ箇所がある場合が多い。

まずは，実際に教科書を開いて，どこがジャンプ箇所なのか見抜けるかやってみるといい。私は向山型算数を実践して間もない頃は，全く見抜けなかった。すぐに見抜けるほど甘くはない。これもやはり，学ばなければならないのだ。以下に私が実践していることを紹介する。

2 教師が教科書の問題を解いてみる

ジャンプ箇所を見付けるためには，まずは自分で解いてみる。大人でも分かりにくい問題があるのだから，子どものつまずきそうな所が分かるのだ。

3 子どものつまずきを予想する

クラスで勉強が苦手な子どもを思い浮かべる。すると，具体的な授業場面を鮮明に思い描くことが出来る。全体で問題文はどのように読ませるか。Aさんはこの指示で動けるか。Bさんは視覚的な支援が必要か。Cさんには赤鉛筆でなぞらせた方がいいか。このように，ノートに手立てを列挙していく。

4 複数の会社の教科書を見比べる

　教科書にはその単元で習得させる「解き方」が示されている。教科書によって同じ単元でも「解き方」の表し方が違う。この場合，シンプルな表し方の方が分かりやすい。よりシンプルな表し方を学び続けると，ジャンプ箇所を見抜くことが出来るようになる。

例　「いくつといくつ」

教科書A
（東京書籍『新編あたらしいさんすう1上』31ページ）

6は●○○○○○　　1と5
　　●●○○○○　　2と□
　　●●●○○○　　□と□
　　●●●●○○　　□と□
　　●●●●●○　　□と□

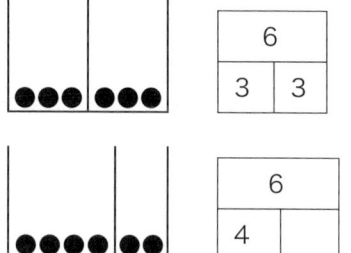

教科書B
（学校図書『さんすう1ねん』25ページ）

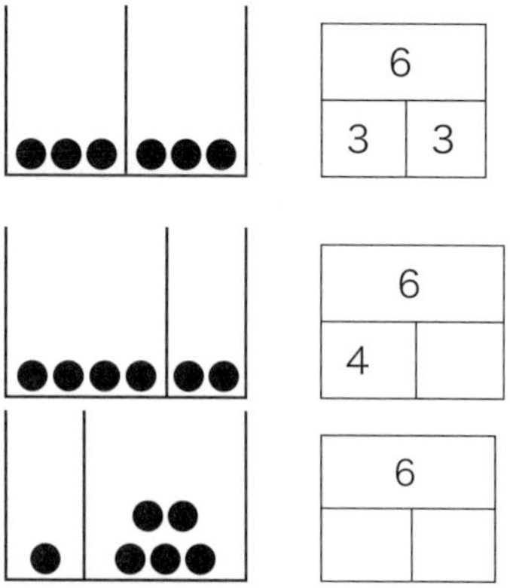

　教科書Aは6の分け方を色を変えただんご図で示し，言葉で「6は1と5」というように説明している。

　教科書Bは6個のボールを箱に分けて入れるという状況設定の上に，6の分け方を数字のみで示している。教科書Bを扱う場合，6の分け方を「6は3と3」というように言葉で補う必要がある。

5 継続して修業するために

　上に記したことを続けるために，以下の方法がおすすめだ。

| サークルで模擬授業をする。 |

　教師がジャンプ箇所を見抜けなければ，子どもにジャンプ箇所を乗り越えさせることは出来ない。

（市島直子）

第1章　算数科授業の新法則1年

> **第6条　毎時間全員の子どものノートを見る**
> **子どもに見せ方を教え，ポイントをしぼってみる**
> この積み重ねで子どものノートが美しくなる。丁寧にノートが書けるようになることは算数の力を伸ばす必須条件だ。

　教師が毎時間全員の子のノートを見る。こうすることで，子どもはノートを丁寧に書けるようになる。ただし，45分という限られた時間で見るのだ。そうするには方法とポイントがある。

1　毎時間45分の中で全員の子のノートを見る方法

①ノートは子どもに持って来させる。
②ノートを見せる時は教師の方に向けて両手で開き「お願いします」と言わせる。
③教師は素早く赤鉛筆で○か×を付ける。説明はしない。
④ノートを見せに来る時と見せ終わって席に戻る時の通路を決めておく。私の教室では右のように一方通行で進行方向にしている。

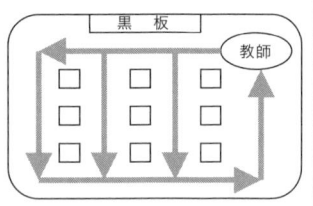

　4月にこの約束を子ども達に定着させる。1年生にも十分出来る。1年生はこの他に「ノートを持って来る時は静かに素早く歩く」約束もしておく。

2　4月最初のノートチェック

　1年生が算数でノートを使うようになって1週間は，日付，ページ数が書いてあるかを毎時間チェックする。授業が始まると同時に以下の指示をする。

> 日付，ページ数を書いたら持っていらっしゃい。

これを１週間続けると授業が始まる前に日付，ページ数を書いて待っている子どもが出始める。そこで教師はうんとほめる。

> すごい！　もう書いてたの？　こんなやる気のある１年生，先生初めて見た!!　まだ４月なのに，もうスーパー１年生になっちゃった。

　次の時間は，日付，ページ数を書いて待っている子どもがぐんと増えている。もちろん，教師は，また，うんとほめる。１年生はほめられることが大好きだ。ほめることで子ども達を伸ばしていく。
　１年生は個人差が大きい。文字を書くことが苦手で時間がかかる子もいる。そのような子どもこそ，ほめてやりたい。そんな時は次の手立てが有効だ。

> 教師が，赤鉛筆でうすく，日付，ページ数を書いてやる。

　休み時間に書くのだ。そして，教師は「なぞって，待っていてね。」と言う。
　算数の授業が始まってすぐいつもの指示を出す。
　苦手な子がすぐにノートを持ってくる。

> わあ，○さん，早く書けたね。１番だ!!

　みんなに聞こえるようにその子をほめる。最後になりがちな子を１番にすることは，周りの子ども達にもいい影響を与える。

3　毎時間全員の子のノートを見て，「うっとりノート」をめざす

　教師が毎時間ノートを見る。すると，子どもの間違えを見付けることが出来る。教えた通りに書いていない子にはやり直しをさせる。教師が指導を「詰める」のだ。明るく「残念！やり直していらっしゃい。」と言う。教室に心地良い緊張感が生まれる。この積み重ねで子どものノートが美しくなり，算数の力を付けることが出来る。

（市島直子）

第1章 算数科授業の新法則1年

> 第7条　教室に空白を作らない
> **何をしていいか分からない時間を作ってはならない**
> まず全体を動かす。次に個別に対応する。

　教室全体を見ながら，個別への対応をしなければならない。個人差の大きい算数ではなおさらだ。たとえ1人でも「何もすることがない」という状態を作ってはいけない。そのためには，教師の工夫や優れた教材を使いこなす技量が必要だ。

1　練習問題は1問だけを見る

　教科書の練習問題で，問題数が8問あれば次のような指示を出す。そして持ってきたノートは1問だけを見る。教師は3番だけに○か×を付けるのである。

> 「3番まで出来たら先生のところに持ってきなさい。」

　全部に○を付けない，間違っていても説明をしないのがポイントだ。
　もし，ノートを持ってきた子に「これはね……」と説明を始めると，後ろに長い列が出来る。教師は目の前の子どもしか見えていない。列が出来ているのに気付きもしない。いつの間にか長い列となり，教室がざわざわしだし，列のどこかで順番を抜かしたというけんかが始まる。長い列の後ろには学級崩壊の亡霊がいると言われている。
　間違っている場合，説明したほうがいいのではないか，親切ではないか，と思うかも知れないが，実は逆である。
　×を付けられた子は必死で考える。もう一度問題を読む。問題の写しまちがいやちょっとした計算ミスだったりする。自分の力で解くから，正解したら「やったー」の声が上がるのだ。

2 早く終わった子への手だて

3番で○をもらった子は残りの問題をする。問題が全部出来たら，もう一度持って来させ，黒板に答えを書くように指示する。黒板は最初に図のように8等分しておくと良い。私は問題をするように指示を出すとすぐに8等分する。

黒板を子どもに書かせると，2つ良い点がある。
①早く出来た子の時間調整
②遅い子へのヒント

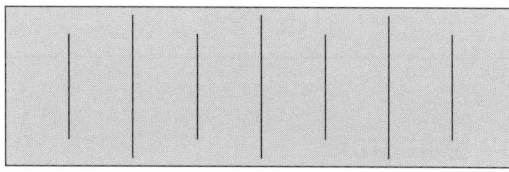

早く問題を解けた子どもが騒がしくなるのを防ぐ。答えを書いた場所に自分の名前を書くようにさせると，発表の時にすぐ指名出来るのでおすすめだ。黒板に書く子には黒板消しを使わせないのもコツだ。黒板消しを使わせると，いつまでも「書いては消す」を繰り返し，他の子に待ち時間が出来てしまう。

全員が書き終わるのを待たずに答え合わせを始める。

まだ黒板に書いている子が残っていてもかまわない。発表している間に解けていない子は黒板を写させる。「写すのもお勉強だ。何もしないのが一番いけない。」と何度もくり返して言っている。遅い子が堂々と写すことが出来る。

3 あかねこ計算スキルは空白時間を作らないスーパー教材

授業の最後は「あかねこ計算スキル」で達成度を確認出来る。2問コース，5問コース，10問コースに分かれている。どのコースを選んでもその時間に押さえておきたい大切なポイントを網羅出来るよう，問題が配列されている。算数が得意な子は10問コース，苦手な子は2問コースを選ぶ。終わる時間が同じだから空白がない。答え合わせの後，間違った子は直しをしている。100点の子はシールを貼っている。シールは時間調整のために付いている。わざと時間がかかるように，はがれにくくなっている優れものだ。

(溝端久輝子)

第1章　算数科授業の新法則1年

> **第8条　言葉を削ってシンプルにする**
> **指示だけで，説明をしないで理解させる**
> 教師の長い説明より，テンポがあり，リズミカルなシンプルな指示のほうが，子ども達は集中する。

1　説明しない

　1年生の算数は，子どもに活動させて理解させる。説明はしない。説明するほど，子ども達は混乱してくる。指示は厳選して，作業指示（〜します）のみで進める。発問はごくわずかである。

---
①問題を読ませる。　②書かせる。　③指で押さえる。　④数えさせる。

2　計算のやり方を教える

（1）たし算の場合

---
①○番の問題を読みます。（教師が先に読む）
②「白い花が5本，赤い花が3本，あわせて何本ですか」
③みんなで読みます。

　まず，教師が最初に問題を読み，その後一緒に読ませる。そろっていない場合はやり直しをして，みんなでそろって読む感覚をつかませる。
　読み終わったら，黒板に次のように書いていく。

「白いまるを数えます。」「赤を数えます。」「合わせて8本です」

---
④ノートを開きます。　⑤式を書きます。　5＋3＝8　答え8本です。
⑥黒板を写します。　⑦念のために数えます。答えは8本です。

（2）ひき算の場合

| ①最初に○が5つあります。
②2つ消します。
③残りは3です。
④ノートに書きます。 |  |

　時々，「残りはいくつですか」と，簡単に聞き答えさせる，一緒に数えさせてみるなど，活動を取り入れる。

3　子どもに説明させる

　計算のやり方を教えた後は，手順を1人1人が言えるようにする。言えるようになれば，計算が頭に入り定着する。繰り下がりのひき算では，リズム良く歌を歌うように繰り返す。

| ①3から4は引けない。
②13を10と3にわける。
③10－4は6
④答え　9です | 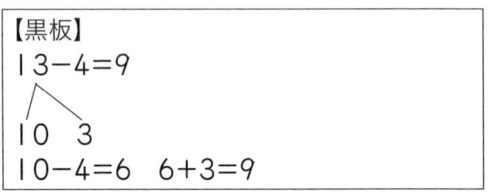 |

4　指示でテンポとリズムを作る

　これらの連続した指示は，よけいな他の言葉を入れないで言うのでテンポが作られる。途中でほめる時も，力強く短い一言で言う。
　指示の出し方の大事なポイントは以下である。

①繰り返す。　②テンポを安定させて続ける。　③同じ言葉を使う。
④シンプルにする。　⑤指示のスピードを変えたり，声のトーンを変えたりする。

　教師の説明より，スピード感があり，リズミカルでシンプルな指示のほうが，子ども達は集中する。毎時間同じように進めると，子ども達も安定してくる。次に何をするのかが，予想出来るからだ。ほめる時もくどい言い方は逆効果である。言葉を選び，工夫することが必要である。

（石川裕美）

第1章　算数科授業の新法則1年

> **第9条　教科書チェックの習慣を付けさせる**
> **教科書チェックの習慣は教師が根気よく付けさせる**
> 教科書チェックは最後の詰めとして妥協せず習慣化させると力が付く。

1　教科書チェックとは

　教科書チェックとは，教科書の問題で正しく解けたものに「出来た印」を付け，解けなかったら「まちがえた印」を付け，後でやり直しをするという学習習慣のことである。これによって教科書のすべての問題をマスターすることになる。

> 教科書のすべての問題を解いたということが大きな実力と自信につながる

のである。これで平均点が10点～20点はアップする。

2　教科書の「出来た印」「まちがえた印」の付けかた

「出来た印」は次のように番号に斜線を引き，「まちがえた印」は番号の左に✓の印を付けさせる。

```
5   ①12+4      ②14+3     ③13+5
    ④17-5    ✓⑤19-4   ✓✓⑥18-2
```

　①②③④は1回目で出来た，⑤は2回目で出来た，⑥は3回目で出来たことを表す。まちがった問題は横に赤で書き直し，後でまたノートの別のページにやり直すのだ。だから⑤は2回，⑥は3回やっていることになる。「まちがったところ

をちゃんとやり直しているか，後で必ず先生が見ますからね。」と言っておく。子ども達は「チェック，チェック」と言って，楽しそうに印を付けていく。

3　徹底させるには，教科書とノートを持って来させる

　教科書チェックが最後まで出来ているか確認するために，1単元が終わると「教科書」と「ノート」を調べる。1年生の教科書は，教科書に直接書き込むワーク形式が多い。1つの単元が終わったら次のようにチェックする。

①ワーク形式の所は隣同士で教科書を交換して，正しい答えが書いてあるかチェックしあう。書いていなかったらその場で書かせる。
②ワーク形式以外の所は教科書とノートを持って来させ，教科書チェックが入っているかを点検する。チェックが入ってない問題はやらせる。ノートを点検する時は全部の問題は大変なので「その単元で一番ややこしい2問」をチェックする。出来ていなかったら出来るまでさせる。
③きちんと書いていたら，はんこやサイン，シールなどの印を付ける。

　教科書チェックは教師と子どもとの根比べだ。教師は負けてはならない。1年生からこの習慣を付けておくと後々大変役に立つうえ，大きな力になることもまちがいなしだからだ。

【参考文献】　向山洋一・赤石賢司編『向山型算数授業作りQ＆A小事典』
　　　　　　『教え方のプロ・向山洋一全集78』

（岩岸節子）

第1章 算数科授業の新法則1年

> 第10条　難問・良問に挑戦させる
> ## 1年生の1学期には難問の出し方にも配慮がいる
> 1年生の1学期は，難問を出しても手付かずのままの子がたくさんいる。問題を限定する等配慮が必要だ。

1年生1学期の難問には，以下の配慮が必要である

> (1) 問題の出し方を限定する。
> 　　　5問のうち1問。そして，1問の中でも，さらに問題を限定する。
> (2) ひらがなが読めない子がいる。問題文は何度も読む。
> (3) 問題に使われている漢字には，かなをふる。
> (4) 答えの書き方を例示する。

　向山洋一・木村重夫編『教室熱中！　難問1問選択システム1年』(明治図書出版)から問題を例示する。

> 問題② 5人の話をきいて，すんでいるへやに名前をかきましょう。
> まりこ　「下から1ばんめで，右から5ばんめのへやよ」
> たかと　「上から3つめで，右から1つめのへやなんだ」
> のぞみ　「下から4つめで，左からも4つめのへやなの」
> こうた　「下から3ばんめで，はじのへや。みゆきちゃんちのピアノの音がよく聞こえてくるよ」
> みゆき　「たかとくんと同じかいよ。でも間に4つもへやがあるの」
>
> 　　　　　　　上（うえ）
>
> 左　　　　　　　　　　　　　右
> （ひだり）　　　　　　　　　（みぎ）
>
> 　　　　　　　下（した）

| 配慮① | ひらがなが読めない子がいる。何度も聞かせて、問題を頭に入れる。 |

説明　表のまわりに、上（うえ）、下（した）、右（みぎ）、左（ひだり）と書いてあります。これを使って考えます。

| 配慮② | 表のまわりに上下左右を書いておくことで問題への抵抗感を減らす。 |
| 配慮③ | この時期、もちろん漢字は習っていない。だから、上（うえ）のように読みがなをつけて書いておく。かなだけにしないのは、問題の漢字と対応させるためである。 |

指示　まりこさんの文を見ます。
発問　「下から1ばんめの部屋」をお隣さんに教えてあげなさい。

| 配慮④ | 一度に2つのことを聞かれているので、細分化する。 |

指示　Aくん、どれですか？（前の表に）○をかいて。（6つ埋まるまでする）
説明　まりこさんは、6つ部屋があるんですね。
　　　「えー、違うよ、先生！」「右から5番目って、書いてある。」
指示　右から5ばんめってどこかな？　いっしょに数えてみるよ。1,2,3,4,5。このへやに、「まりこ」って書いてごらん。

| 配慮⑤ | 答えの書き方、解き方を例示する。 |

指示　ほかの子の部屋も同じようにして分かります。たかとくんのへやが分かったら、「たかと」って書いて、先生のところに見せにおいで。

　出来た子から、「のぞみ」「こうた」「みゆき」の問題を解かせる。その3つもクリア出来た子は残り4つの問題を自由に解かせるようにする。

(福原正教)

第2章　**4月の重要単元**

> **(1) 1年生を迎えるための用意　①ブロック・百玉そろばん徹底比較**
> **より良い教具が授業を救う！**
> 楽しく，何度でも練習出来て，児童にも担任にもストレスがたまらない教具は，百玉そろばんである。

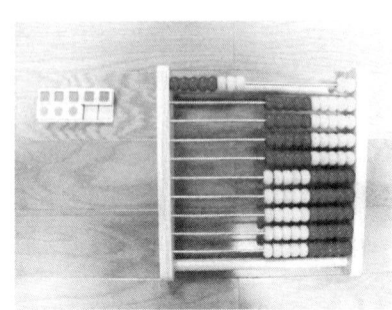

　40年程前，ほとんどの学校にあった「百玉そろばん」。しかし，いつしか消え去り，現在は1年生「数と計算」の教具として，「ブロック」が主流になっている。「数の概念の理解」の学習場面で，子どもが操作しやすく，習熟を図ることが出来る教具は，「百玉そろばん」なのか「ブロック」なのかを子どもの事実で比較する。

1　ブロック・百玉そろばんで何を指導するのか
　ブロックや百玉そろばんは，「数の概念」の獲得のために使用する教具である。「順序・位置を表す数」（順序数）が分かることと，「大きさを表す数」（集合数）が分かること，数の合成（2と3で5）・分解（5は2と3）が出来ることなどで数の概念を段階的に獲得出来る。

「順序数」……★　★　★　★　★　　　　「集合数」……★★★★★
1　2　3　4　5　　　　　　　　　　　　5
「数の合成・分解」【数の合成】　★★★★　と　★　で　★★★★★
4　　と　1　で　　5
【数の分解】　★★★★★　は　★★　と　★★★
5　　は　2　と　3

　存分に具体物や半具体物を数えさせ，操作させることで数の概念は身に付く。

2 教室の実態 （過去の本間学級の様子）

　以下に、「1年生の子どもの実態」と「数概念の理解」の両面からブロックと百玉そろばんの良さを比較した。

比較項目	ブロック	百玉そろばん	解説
教具を落とす回数	多い ×	少ない ○	ブロックは小さいので非常に落ちやすい。また、落としやすい。
いたずらの道具になる危険性	有り ×	やや有り △	ブロック同士をくっ付けたり、机の脚にくっ付けたりして遊ぶ。また、百玉そろばんは、ガチャガチャと音を出したり滑らせたりして遊ぶ。
操作のしやすさ	難 ×	易 ○	微細運動が苦手な子どもは、「つまむ」ことが苦手なため、ブロックをつまんで操作することは、大変困難である。
一問解く時にかかる時間	長い ×	短い ○	ブロックでは、10までの数の数え足しの問題を1問やるのに、10秒以上時間がかる。一方百玉そろばんは5秒程度である。ブロックの場合は10のまとまりごとにケースに入れたり、ケースから出したりする作業があると、さらに時間がかかる。百玉そろばんは、「ガチャッ」と一瞬でご破算に出来るので、短時間でたくさんの練習問題に取り組める。
準備や片付けのしやすさ	難 ×	易 ○	ブロックケースにブロックを片付ける作業に子どもは手まどう。
教科書問題との対応	有 ○	無 ×	教科書には、イラスト（具体物）の上に、半具体物であるブロックを乗せて、数えさせる練習がある。

　つまむことが苦手な子どもにその練習をさせることは重要であるが、あえて算数の時間にする必要はない。児童にも担任にもストレスがたまらない教具は、百玉そろばんであると言える。

（本間尚子）

第2章　4月の重要単元

> **（1）1年生を迎えるための用意　②「さんすうセット」**
> **本当に必要な物だけを個人持ちにする**
>
> 「さんすうセット」の中には，ほとんど使われない教具も入っている。子ども達に必要な物だけを厳選して注文しよう。

　さんすうセットは，入学準備品の中では高額である。しかし，その中には，ほとんど使われない教具もあり，もったいない。子ども達が使いやすく，かつ何度も使う算数教具を厳選してさんすうセットとして持たせたい。

1　さんすうセットに必要な物は，何か

　以下の物が，おおよそのさんすうセットの中身である。
①ブロック　②お金セット　③計算カード（たし算・ひき算）
④すごろく　⑤サイコロ　⑥数カード（数字カード，数図カード）
⑦時計　　　⑧数え棒　　⑨おはじき　　⑩ミニ積み木
⑪色板　　　⑫図形棒　　⑬磁石板

　さんすうセットのメーカーのHPを見ると，さんすうセットは6年間活用出来ると謳われている。しかし，さんすうセットを主に使用するのは1～2年生の学習においてである（3年で「時計」は使用する）。また，細かく小さい物が多いため，微細運動が苦手な子どもは，使用するさんすうセットの準備や後片付けにものすごく時間がかかる。そこで，13個のセット教具の中から，本当にさんすうセットに入れたい物を絞りに絞るとこれになる。

> 計算カード（たし算・ひき算），数カード（数字カード，数図カード），時計

　これらの物は，使用頻度が高い。**計算カード（たし算・ひき算）**や，**数カード（数字カード，数図カード）**は，教科書問題にも活用場面が掲載されており，学習の中で様々に使える教具である。**時計**は，実際に自分で操作させることで，長針と短針の動きを理解させることが出来る欠かせない教具だ。

　これ以外に，子どもに持たせたい教具が次の2つである。

TOSS かけ算九九尺セット，TOSS 子ども用百玉そろばん

TOSS かけ算九九尺セットは，具体物，半具体物のシートを使って，かけ算の考え方を指導出来る優れた教具である。一度使うとその良さが分かる。

TOSS 子ども用百玉そろばんは，ブロックと比べて圧倒的に操作しやすく，数の合成・分解の理解も進む。おすすめの教具であるが，単品で約 2000 円と高価で保護者負担がかさむため，学校の算数教材予算で，１年生全員分の百玉そろばんをそろえるという方法もある。

2　学校の算数消耗品予算で購入するとよい物は，何か

②お金セット　④すごろく　⑤サイコロ　⑩ミニ積み木　⑪色板　⑫図形棒
は，学校で購入して教材室にそろえたい。小学校を卒業した子ども達の要らなくなったさんすうセットを，寄附してもらうという方法もあるだろう。

提案！　新・さんすうセット

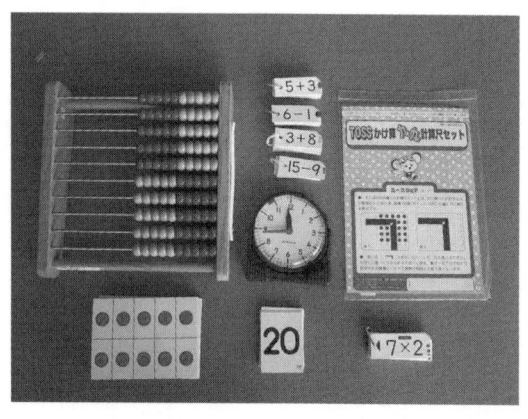

学校の算数消耗費で購入が出来ない場合，「色板」と「図形棒」をセットに入れる。

「子ども百玉そろばん」「子ども百玉そろばんスキル」「計算カード」「計算練習シート」が入った「TOSS 百玉そろばんさんすうセット」が販売されている。学校の実情に合わせて，より役立つさんすうセットを選びたい。

（本間尚子）

第2章　4月の重要単元

> **(1) 1年生を迎えるための用意　③算数ノート**
> **発達段階に応じたマス目のノートを選び，クラスで統一すること**
> ノートは大事な学習道具である。保護者と連携して，発達段階に応じたマス目のノートをクラス全員に持たせる。

　ノートは，教科書と並んで大切な学習道具である。どのようなノートを使用していくのか。ポイントは次の点である。

> 手指の発達に応じたマスの大きさのノートを与えること。

1　1冊目のノート

　初めの算数ノートは，**横長マス目ノート**を使用する。**横10マス，縦6マス，中央リーダー入りノート**である。（上に1～10までの数字が書いてある）

　この，上の数字が大事な役割を果たす。「1の数字の下から，書き始めましょう」など，書き方の目安になるのだ。また，上の数字は，数字の字形が整わない子，数字の書き順が怪しい子を指導する上でも役に立つ。「○さん，この5の字をなぞってごらん」となぞらせて，書き順をチェックすることが出来る。

（吹き出し：1年生の算数ノート指導では，この数字が役に立つ。）

　4月から，1ページずつノートを使って，日付の書き方，ページの書き方を指導し続けていくと，5月には，1～2ページ程度難なく書くことが出来るようになる。

2　2冊目のノート

　2冊目も，**横長マス目ノート**を使用する。**横12マス，縦7マス，中央リーダー入りノート**である。（上に1～10＋－が書いてある）ややマス目が小さくなる。6月後半～7月上旬には，クラス全員が2冊目のノートに突入している。

3　3冊目以降のノート

　3冊目は，**縦長マス目ノート**を使用する。**横10マス，縦17マス，中央リーダー入りノート**である。繰り上がりのあるたし算，繰り下がりのあるひき算も，文章題の3点セット（図，式，答え）もゆったりと書くことが出来る。書くスピードも速くなり，3冊目以降は，ノートをたくさん使うようになる。これ以降，このマス目のノートを使用する。

【実物大】ノートのマス目の大きさ

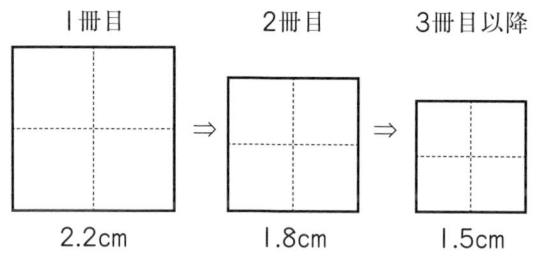

4　微細運動が苦手な子のノート選び

　クラスには微細運動が苦手（手先の不器用）な子もいる。児童の様子をよく観察して，小さいマス目への移行が難しいと判断した場合は，その子の保護者と相談して，大きいマス目のノートを選択するという方法を取ることもある。この時のノート選びのポイントは，「**字がマス目からはみ出さないか**」である。がんばってもマスからはみ出るのならば，そのノートは子どもに合っていないのだ。汚いノートは，自己肯定感を下げる。「個に応じたノート選びをする」という視点も忘れてはいけない。

5　保護者との連携

　ノート選び，ノートの購入については，保護者の理解と協力を得ることが大切だ。「1年生の算数では，年間5冊〜6冊程度使用すること」「ノートのマス目の大きさをクラスで統一することは，学習をスムーズに進める上で，とても大切であること」を懇談会や学級便り等で複数回保護者に伝える。

【参考文献】向山洋一・赤石賢司編『向山型算数授業作りQ＆A小事典』

(本間尚子)

第2章 4月の重要単元

> **（2）なかまづくりとかず**
> **①仲間をくくる（絵の中から同じものを囲む）**
> ## なかまづくりは，たしざんやひきざんの基礎となる
> 入門期の指導は，教師が同じ作業をして見せることが大事である。

1　絵しかない教科書

　初めて1年生を担任した時，算数の教科書を見て，呆然としたことを今でもおぼえている。字がなく絵だけの教科書を使って「どう授業をするのだ」と。
　しかし，入門期の算数について学んだ今なら分かる。まず，最初にすることは，以下のような作業だ。

> たくさんの絵の中から　きつねをみつけて○で囲むこと
> たくさんの絵の中から　パンダをみつけて○で囲むこと
> たくさんの絵の中から　花をみつけて○で囲むこと

2　○で囲むことにどのような意味があるのか

　同じ仲間を見付けてくくることが，「なかまづくり」の学習である。
　この作業は，たし算やひき算が出来るようになる前段階である。
　向山氏はこう述べている。

> 数が書けたり，1対1対応ができる前に「仲間をくくる」ことができなくてはならない。絵の中から，チューリップならチューリップだけ，男の子なら男の子だけをえり分けられる力が必要である。チューリップと男の子を混ぜこぜにして数を数えても意味がないからである。
> 　　　　　　　　　　『向山洋一全集24巻「向山型算数」以前の向山の算数』

　たし算は同じなかま同士で行う。ひき算もそうだ。
　同じなかまが見付けられなければいけないのだ。
　絵だけのページは，たいへん重要な役割をになっている。

3 くくるのは同じ種類の動物だけではない

　なかまづくりは，同じ種類の動物（等）をくくるだけではない。「立っている犬さんをくるっと囲みなさい。」「いすに腰掛けている犬さんをを囲みなさい。」等と言ってくくらせることも出来る。問題の出し方が変わると，囲むなかまが変わってくるのである。視点を変えさせることも大切な学習である。

4 「なかまづくり」をさせる時の3つのポイント

　実際に授業する時に，大事なことは以下の3点だ。

ポイント①　1ページの絵から，どこに何がいるか確認する

　言葉と絵をつなぐために必要なことだ。これをすることで，クラスの子ども全員を同じ土俵にのせることが出来る。（中には，たぬきがどれだか認識出来ていない子がいるかもしれない。）

ポイント②　同じ絵を用意する

　子どもの教科書を拡大して提示するか，デジタル教科書などを提示し，最初は教師が○を囲む作業などをやってみせる。その後子ども達にさせることで，子どものつまずきがなくなる。

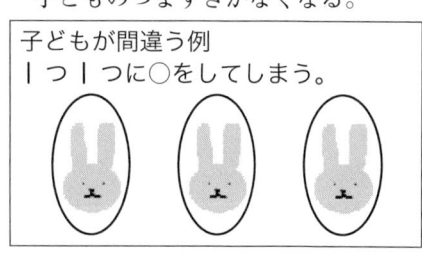

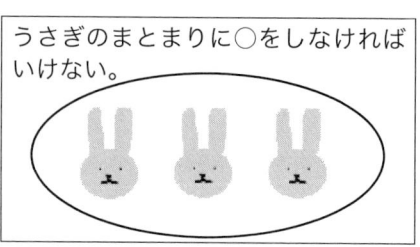

子どもが間違う例 1つ1つに○をしてしまう。	うさぎのまとまりに○をしなければいけない。

ポイント③　作業を多くする

　•指でおさえさせる　•指で囲ませる　•鉛筆で囲ませる，など様々な作業を入れることで全員を巻き込んでいける。鉛筆で囲ませる前に，指で囲ませると，間違いが防げるというメリットもある。

　もしも，クラスに「なかまづくり」が出来ない子がいたならば，『数を育てる』（コレール社）という本が大変参考になる。

（川原奈津子）

第2章　4月の重要単元

> (2)なかまづくりとかず　②1対1対応(1つ1つを線で結ぶ)
> **イメージをわかせる言葉かけをする**
> 「1対1対応」は極めて重要。数えなくても1対1対応で比べられることを理解させる。

1　数を扱う一歩前

「1対1対応」は，ものとものとを対応させることによって，ものの個数を比べるということである。数えなくても比べられるという経験をさせるところであり，数を扱う一歩前の段階である。数や数字を知らなくても，1対1対応をすれば，どちらが多いか，または同じかを見付けられる。子どもに数を数えさせるのではなく，対応させて比べさせることが重要である。

1対1対応には2つのステップがある。

> ①線でつないで考える
> ②ブロックなどに置き換えて比べさせる

2　線でつないで考える

　数の概念が未発達な子どもは，右の図を見て，黒いの方が多いという。(「ピアジェの理論より」)

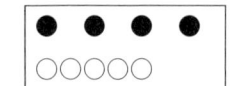

　この段階を必ず経るのである。だから「**線でつないで，あまった方が多い**」ということを教える必要がある。

　教科書には，一輪車に乗ろうとしているうさぎであったり，いすに座ろうとしているねずみなど日常生活の中で，必然性がある場面が取り入れられている。

　場面を描きやすいように声かけをしていかなければならない。「うさぎは，一輪車にみんな乗れるかな」「ねずみは，いすにみんな座れるかな」という声かけになる。パンとバターの絵が載っている問題だったら，「パンとバターの数を比べます」というのではなく，「パンにバターをつけていきます。」というように，イメージを大切にしていくのがポイントだ。そして，教師が線でつなぐ様子を見せた後，子どもにも同じようにさせると混乱がない。

38

3　ブロックなどで置き換えて比べる

　1対1対応が出来ない場面が日常でもある。目の前を通りすぎていく車を比べたり，遠く離れたものを比べる場合である。そこで，具体物（絵）を半具体物（おはじき等）に置き換える必要が出てくる。絵であっても，ブロックであっても，1は1と認識出来るためのものである。

　例えば，じょうろは黄色いブロックを置かせ，熊は白いブロックを置かせる。そして，それをマス目などに並べさせる。1年生にブロックを扱わせるのは，至難の業だ。でも，1回はその体験をさせる。私が，1年生を担任をした時，ブロックを使わせたのは1年を通してこの1回きりだった。その後の半具体物操作は，子ども用20玉そろばんでさせた。

4　重要指導箇所「1対1対応」

　1対1対応について，ピアジェはこう著書の中に記している。

> 「1対1対応は数理解のもっとも基礎的な原理であり，それが理解できなければ保存も獲得できない」ものである。（『数の発達心理学』より引用）

　このことを考えればたいへん重要な指導箇所である。3個以内の数であれば，4歳児で100％の割合で1対1対応が出来るという実験結果がある。しかし，紙面上での絵の1対1対応となると経験がない子が多い。それを出来るようにさせ，次のステップ（具体物と半具体物との対応）に進む素地を作る。

5　1対1対応をこう授業した

　私は1対1対応を次のように指示を出し，授業した。
《熊さんが，傘を取ろうとしているね。黄色の服の熊さんが傘を取りました。のこりの熊さんの傘はあるかな。調べていこうね。この熊さんは，この傘。》（線を引いている。）（つなぎ終わって）《みんなもやってみるよ。》（全部する）《**線でつないで残った方が多い。**》（復唱させる）〈傘と熊は，熊の方が多い。〉
　必要事項は，復唱させると良い。

【参考文献】「論文審査」『向山型算数教え方教室』2005年9月号

（川原奈津子）

第2章　4月の重要単元

> （2）なかまづくりとかず　③具体物と半具体物の対応
> **絵と数図の対応が出来るようになれば良い**
> 数を数えさせ，ブロックでも同じ，数図でも同じということをおさえる。

1　絵と数図の対応

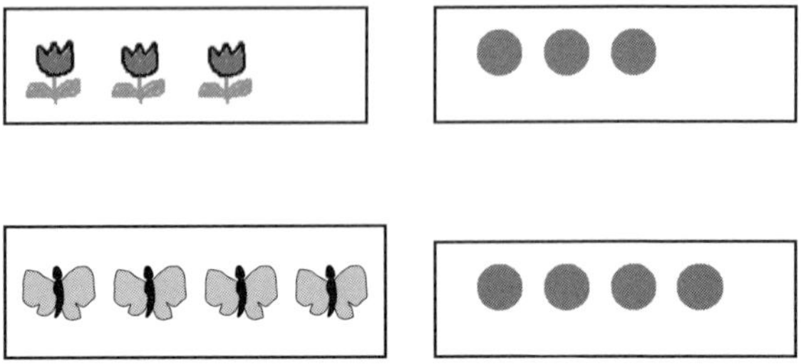

　右の図のように，チューリップ3本と●3つが，同じ個数を表すことが分かれば，「具体物と半具体物の対応」が出来ているといえる。ちょうちょ4と●4も数の上では，同じ4である。
　これが出来れば数概念が形成されたということになる。『算数教育指導用語辞典』（教育出版）の数概念の形成の箇所には，以下のように書かれている。

> 例えば，各三つのコップ・皿・スプーンの集まりがあるとする。それぞれの要素（形，色，大きさなど）を捨象して，1対1に対応できるもの，つまり個数が同じとみなすことができることによって数3が抽象される。

　簡単にいうと，

> 「赤であろうが，黄色であろうが，車であろうが，ちょうちょであろうが，3を3とみなすことができることが数3が分かったということ」である。

　教科書では，具体物と半具体物の対応をする場面は，少ししか取り上げられていない。日常生活でたくさんの数に親しんでいる1年の子ども達にとって，具体物と半具体物の対応は，難しいことではない。
　数を数えさせ，ブロックでも同じ，数図でも同じということをおさえればよい。そしてその後に，数字の導入となる。

2 授業でどう扱うか

　以下は，教科書（東京書籍『新編あたらしいさんすう1上』8～9ページ）の授業案である。

学習活動と指示・発問 （子どもの発言）	解説
教科書8ページを開きましょう。 （略） かばさんやパンダさんが楽器の演奏しているね。ここにいるかばさん何匹かな。数えるよ。さんはい。1，2，3。 何匹ですか。（「3匹です」） かばさんが持っている楽器は何ですか。 （「タンバリンとすずです。」） すずは，何個ありますか。（「3個です」） 先生の後について言います。 「かば　3，すず　3」 3ってこれ？（百玉そろばんで，3つ玉を入れる。なければ，ブロックを3つ黒板に貼る） （「そう」） かばも3。すずも3。 他にも3のものはあるかな。みつけてごらん。（「白いチューリップです。」） そうだね。どれも●●●ですね。	●このページを開いたら，「りすがいるね。」「きつねさんもいるね」というように挿絵全体を見る時間をとる。 ●「1」からではなく「3」から扱う方が，子どもにとって分かりやすい。 ●数える活動は，指で数えるものを指しながら行わせることで，活動していない子を把握し，注意を促すことが出来る。全員を巻き込むことが大事である。 ●3と言いながら，半具体物（ブロック）を指さすことで，半具体物(抽象)に慣れさせる。

　3，4，5，1，2の順で，具体物と半具体物，そして数図をつなげていく。1～5すべて扱った後で，数字と結び付け，数字の練習に入る。

（川原奈津子）

第2章 4月の重要単元

> （2）なかまづくりとかず　④半具体物と数字の対応
> ## 初めての数字指導はこうする
> 数字の書き順を侮るなかれ。百玉そろばんの活用も大切である。

1　数字がでてくるのは最後

　●●● が 3 と分かることが，「半具体物と数字」が対応している状態である。順序よく数えられるだけでは，数が分かったとは言えない。

　前ページまでに述べてきたように，1年生の初期は，「仲間わけ」，「1対1対応」，「具体物と半具体物の対応」，そして，「数字との対応」というステップを踏む。奥が深い単元である。

2　書き順を正しく

　数字が出てきたら，書き順を正しく教えよう。

　指書き（机の上に指で書く）や空書き（先生の方に向かって，空中に指で書く）をすると良い。正しい書き順が分かってから，初めて鉛筆を持たせて，なぞり書きをさせ，その後，ノートに書かせる。

　中学年を担任した時に，数字の書き順の調査をしたことがある。

　算数が苦手な子は，1〜9の書き順のいずれかが正しくなかった。

　8の書き方が間違っている子はよく見たことがあったが，

　　0を時計回りに書く子

　　5の2画目を外側から内側に向かって書く子

などもいて修正に時間がかかったことを覚えている。

　この子ども達は，空間認知力が弱かったといえる。向きが分からなかったのだ。図形を描くことも苦手だった。空間認知力が高まれば，図形も正しく描けるようになる。書き順は間違っていてもかまわないという気持ちは捨てて，正しい書き順をきちんと教えてほしい。指書きの段階で，つまずいていたら，教師が手を持って一緒に書いてあげるといい。そして，何度も指書きさせる時に

は，あきさせないために，「スピードアップして書いてごらん」や「もう書けるようになったという人は目をつぶって書いてごらん」と言うといい。
　指書きは，漢字指導だけでなく数字指導にも有効だ。

3　数を数えられない子にはどうすればよいか

　小学校へ入学してくる頃には10までの数概念が出来ているのが一般的である。

〈数概念の発達〉
①1から10まで数える。（2歳6ヶ月）　②3までの数概念（3歳6ヶ月）
③5までの数概念（4～4歳5ヶ月）　　④10までの数概念（5歳ぐらい）
遠城寺式・乳幼児分析的発達検査表より

　ほとんどの子が，数字の1～10までが数えられる。数も分かる。
　しかし，以前担任した子に●●●が3と分かっても，数が大きくなると正しく数えられない子がいた。●が8個あるのを，12個と言ったりするのである。その子も2学期頃には，算数が出来るようになった。テストでほとんど100点がとれるようになった。
　それは，「百玉そろばん」（教師用の大きいもの）を毎日使っていたことが，最大の理由であろう。
　最初の算数の日から，毎日使っていた。
　初日は，5までの数唱1回が7秒というゆっくりしたテンポで進めた。教師が玉を入れ，（カチッという音が合図になって）子どもが数を言っていく。数唱を毎日，繰り返すことによって，数量と数と数字が一致するようになってきたのだ。
　百玉そろばんのバリエーションは多い。数唱，逆唱，10とび，5とび，2とび，5や10の合成・分解など，種類を少しずつ増やしながら，毎日少しずつ，百玉そろばんを使っていく。
　百玉そろばんは，算数を得意にさせる最強アイテムである。

（川原奈津子）

第2章　**4月の重要単元**

（3）なかまづくりとかず　①1〜5の概念，読み方，書き方
3の概念は「3」「さん」「●●●」が一致すること

ゲームを繰り返して楽しみながら，数字と数詞と具体物（もの）の3つの関係を理解させ数の概念を身に付けさせよう。

1 「数の概念」が身に付いてる子

「数の概念」が身に付いている子は，次のような子である。

1，2，3，……という数字，いち，に，さん，……という数詞，□□□……という数えるものが，全部同じものであるということが分かっている子。

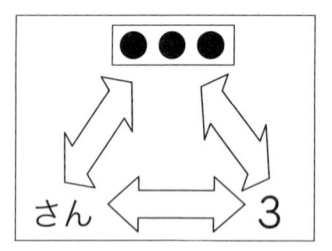

たとえば，左のような絵カード ●●● をパッと見て，「さん」と答えられる子，あるいは 3 の数カードが間違いなくとれる子，そして「さん」と言ったら， 3 のカードが間違いなくとれる子，そのような子であれば「数の概念」が確実に身に付いていると言える。

逆に ●●● の絵カードを見て「1，2，3」と●を数えて「3」が分かる場合には，数の概念がまだ十分に形成されていない（3のまとまりが頭の中でイメージされていない）可能性がある。

2　操作を通して教える

「数の概念」を身に付けさせるために，次のような操作活動をさせる。

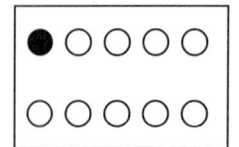

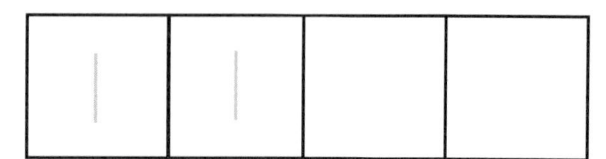

(1) 10ページを開きます（お隣と確認）。（東京書籍『新編あたらしいさんすう1上』）
　1年生当初，まだ指示通り教科書が開けないことも多いため，確認が必要。

(2)《🐻はいくつですか。》〈１つです。〉《くまが１。言ってごらんなさい》〈くまが１。〉《🐻のかずだけ数図カードに色を塗ります。》（黒板でお手本を示す。）丸は好きな場所ではなく，左上から塗らせていく約束を徹底する。

(3) ｜１｜数カードを提示する。
①「いち」と読みます。言ってご覧なさい。
②こう書きます。（書き方を教える）「いち」と言いながら書くのですよ。
③黒板の「１」に向かって書きます。（空書き）
④灰色の線をなぞる（指書き）
⑤数図カードの横に書かせる。「１」や「１」等飾りを付けないよう指導する。
　書く速度の個人差を埋めるため，時間調整に空書きを行うと楽しく待てる。
　例：ぞうさんの１（大きく書く）。ありさんの１（小さく書く）。先生と一緒に（教師は逆に書く）自分のおうちの方を向いて。お隣と向かい合って。
⑥他の数字も同様に行う。
　「４」と「５」は書き順を誤りやすいので，繰り返し指書き，空書きをする。

3　みんなで楽しくゲームで反復練習

① 教師が左のような絵カードを出す
　→子どもが「さん」と言いながらブロックを３つ出す。
②教師が百玉そろばんの玉をはじく。（タンバリンを叩く）
　→子どもが「さん」と言う。｜３｜の数カードを挙げる。
③教師が｜３｜の数カードを挙げる。
　→子どもが数図カードを挙げる。鉛筆を３本挙げる。
④トランプの「神経衰弱」を１〜５の数カードを使って楽しむ。（隣の子の数カードを混ぜて使用すると良い）
⑤教師が数図カードを挙げる。
　→身の回りにあるものでその個数を挙げる。
　目標は，数をパッと見て分かるようになるまで繰り返し授業で練習することである。

【参考文献】群馬 TOSS インフィニット『小学１年生の算数指導・成功の基本技・応用技』

（斎藤貴子）

第2章　4月の重要単元

> （3）なかまづくりとかず　②6～7の概念，読み方，書き方
> # 5より大きい数は，一目でイメージ出来ることが大事
> 「5といくつ分」かがパッと見て分かるように並べられると，数の認知が進む。

1　5より大きい数は，一目で分かるようにする

　5より大きい数は，数えないと数を確定出来ない。パッと見て数を一目で認識出来るのは概ね5までだからである。そこで，授業場面では印を付けながら数を数えた後，どのように数を表すかがポイントになる。
（東京書籍『新編あたらしいさんすう1上』14ページ）（14ページの隣は17ページのままにしておく）
①《いぬはなんびきいますか？》〈4 ひきです〉〈6 ぴきです〉
　　《うんていで4ひき遊んでいるけれど，2ひきなわとびでも遊んでいるね。》
②《全部のいぬの上にブロックをおいてごらん。》
　　《お隣と確認。同じだった人？》
　　《先生もやってみます。みんなと同じかな？》（作業のたびに確認する）
③《ブロックを机の上に並べましょう。》
　　□□□□□□と並べる児童が大多数であろう。
④《バッチリですか？》
　と聞く。「バッチリ！」と得意げに子どもは言うだろう。机間巡視をして確認する。5のまとまりで並べられている子がいた時には，すかさずほめる。
⑤《すごい！　○○ちゃんは天才の並べ方が出来てる！》
　　1人もいなければ次の言葉かけをする。《天才の並べ方ですか？》
⑥子ども達ははっとして自分のブロックの並べ方を見る。隣の子のも見る。ほめられた子のを見る子もいるだろう。教科書に目をやる子も出るに違いない。

ア□□□□□　イ□□□□□□　アやイのように並べ直した
　□　　　　　　　　　　　　子を「天才！」とほめていく。
　　　　　　　　　　　　　　子どもに説明したり，教えたりしなくても，子どもが自分から教科書を見たり，隣の子と見比べたりし

て，ブロックを5個のかたまりで並べることに気付けるようにしたい。

2 「6」「7」の概念を確認する
①17ページ。いぬを指してご覧なさい。「いぬが6」と言います。
②18ページ。いぬが天才の並び方をしていますね。同じように数図カードを塗ってごらんなさい。
③ブロックは5のかたまりと離れた1で6。「5と1で6」と言います。
④指書き：人差し指で数字の上をなぞる。特に「7」の書き順に注意する。
　なぞり書き：グレーの線をはみ出さないように。7・8・9の書き順注意。
　写し書き：隣の何も書いていない枠に「6」を書く。
　空書き：時間調整をしながら繰り返し正しく書かせる。

3　数の概念を身につけるため有効なゲーム
①数図カード：パッと見て数を言わせる。同じ数カードを出す。5のまとまりといくつか，で一目で数を判断出来ることが大事。
②数カード：その数を言わせる。1大きい数（1小さい数）を言わせる。「続きで2」で，「3」のカードを見たら続きの「4,5」と答える。数系列が頭に入っていることが大事。その数と同じブロックを，天才の並べ方で並べる。
③百玉そろばん：5の合成，分解。10の合成，分解。耳と目からも覚える。「6は」で〇と●の間に人差し指を入れ，「5と」で〇〇〇〇〇を●の反対側に押してすき間を作り，「1」で●を〇と反対側に少し押す。

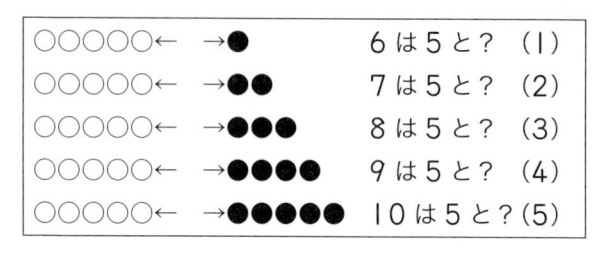

〇〇〇〇〇←	→●	6は5と？（1）
〇〇〇〇〇←	→●●	7は5と？（2）
〇〇〇〇〇←	→●●●	8は5と？（3）
〇〇〇〇〇←	→●●●●	9は5と？（4）
〇〇〇〇〇←	→●●●●●	10は5と？（5）

④トランプやすごろくを通して，マークの並びやさいころの目の並びに慣れる。
　ゲームを授業の導入等に毎回短時間ずつでも行い，数の構成を意識づける。

【参考文献】　夏目雅子「10までのかず」TOSSランド No.1121146
　　　　　藤原鴻一郎編『発達に遅れがある子どもの算数・数学　数と計算編』（学習研究社）
（斎藤貴子）

第2章 4月の重要単元

> （3）なかまづくりとかず　③0の概念，読み方，書き方
> ## 0の概念は，具体的なイメージを提示して学習しよう
> 「1つもない」状態が「0」であることを，教科書の挿絵を十分に使って，具体的な場面で提示しよう。

　1年生の教科書に提示されている0の概念は，以下の3つである。

| （1）数字としての0
| （2）減った結果の0
| （3）空（から）の0

　教科書によって0の表す意味が3つすべて示されている場合と，1つが詳しく示されている場合がある。どのような場面設定でも，小学校1年生にとっては生活の中で経験出来る場面が最も理解しやすい。以下は教科書の例である。（東京書籍『新編あたらしいさんすう1上』24ページ）

1 参加したけど……点数が入らなかった0点
① 《3匹が輪投げをしています。》
　子どもが具体的な場面を想像出来るよう，輪投げを絵で提示する。
② 《いぬが投げた輪は，何個入りましたか。》〈3個です〉
　《「いぬは3」言ってごらんなさい。書いてみます。空書き用意。「さん」》
③ 《次はうさぎです。何個入りましたか。》〈2個です〉
　《「うさぎは2」はい。書きます。「に」》
④ 《次はねこの順番です。何個入りましたか。》〈入っていません〉
　《入りませんでしたね。そういう時でもちゃんと数字はあるのですよ。》
⑤ 《言ってみましょう。「ねこは0」はい。》
読み方の確認：《 0 の下に「れい」と書いてあります。「れい」と読みます。》
「ぜろ」という読み方は「zero」という英語なので，日本語では「れい」と読む。「れえ」と読む事もあるが，丁寧にゆっくり読む時は「れい」となる。

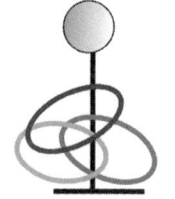

書き方の確認：《書き始めの位置は上。左手方向に鉛筆を動かします。》
　《「0」の最初は頂点からです。教科書の矢印の方に向かって書いていきます。》

⑥空書き:書き順を確認する。　指書き:人差し指で灰色をなぞる。
　なぞり書き:鉛筆でなぞって書く。　写し書き:何も書いていない枠に書く。

2　あったものがなくなった0
①《いちごを食べています。いちごのかずを言います。》
　《いちごが，さん，□の中に3を書きます。》
②次の場面に切り替える。《あっ！　くまさんの手が口にある。1つ食べました。》
　《お皿の上のいちごはいくつ？》〈2つ〉《いちごが，に。書きなさい。》
③《くまさん，うれしそうだね。また1つ食べました。》
　《なんて書きますか？》〈いち〉《その通り。》
④《くまさん，また1つ食べました。》
　《とうとうお皿だけ。》《いちごはなくなりました。》
　《いちごは1つもない。でも，数字はあるんだったよね！》
　《いちごは，れい。言ってみましょう。》〈いちごは，れい〉
　《数字を書きなさい。》《0も数の仲間，数なんですね。》

3　1つもない……何もはいってない0
①《お弁当箱におにぎりが入っています。》
　《□におにぎりの数を入れてらっしゃい。》（教科書を持って来させる。）
②《みんなで答えを言います。》
　《おにぎりが，し，同じだった人？　では，念のため，空書きします。「し」》
③《まんなかのお弁当箱です。どうぞ。》（くり返しの課題は子どもに挑戦させる）
　《おにぎりが，れい。空書きします。》
　《お弁当箱はからだね。なにもない時の数字は0です。》
④《一番右のお弁当箱です。》
　《おにぎりが，に。そうです，「に」ですね。》
「4」を「し」、「7」を「しち」、「9」を「く」と読む読み方は音読みである。
数字として読む時には，教科書のこの読み方になるよう気を付けさせる。
【参考文献】板倉弘幸「なかまづくりとかず」TOSSランド No.1040118

（斎藤貴子）

4月の重要単元

第3章　5月の重要単元

> **（1）なんばんめ　まえから3にん，まえから3にんめ**
> **何度も読ませ，体験させることで定着を図る**
>
> 「なんばんめ」と「なんこ」の違いを理解させるためには，何度も読ませたり，体験活動を行ったりする。

1　単元のポイント

　この単元のポイントは「なんばんめ」と「なんこ」の違いを理解させることである。

2　何度も読ませることで，定着を図る

①絵を見て言い方を練習する（啓林館『わくわくさんすう1』19ページ）

　教科書に右のようなアイスクリームの絵が載っている。それを見ながら，「なんばんめ」「なんこ」を何度も言わせて練習する。

| 先生について読みます。上から3番目はみかんです。（上から3番目はみかんです。） |

| 上から3個は，ばなな，ぶどう，みかんです。（上から3個は，ばなな，ぶどう，みかんです。） |

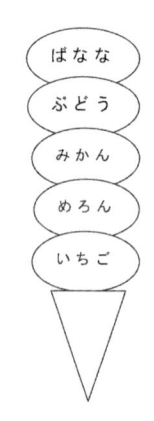

　数を変えたり，下から数えたりして変化のある繰り返しを行う。しかし，それだけではイメージすることが難しい子がいるかもしれない。そこで，実際に教室の子ども達で，体験出来る活動を入れる。

②体験活動を入れる

| この列の子，手を挙げます。（全員が手を挙げたことを確認する）
前から4番目立ちましょう。 |

　他の列でも，○番目の数字を変えながら行う。

| この列の前から 4 人，立ちましょう。 |

自分の列ではない子たちが，「○○くんも立つよ」など教えてくれる。

③教科書に作業をする（同前 20 ページ）

| （教科書に車が 7 台並んでいる絵が出ている）前から 5 番目に色を塗りましょう。 |

教科書にはどちらが前か後ろかということが書かれていない。このまま進めてしまうと混乱することにつながるので，前後をきちんと確定する。

| 左側が前，右側が後ろです。（教科書に「まえ」「うしろ」と書かせる） |

まえ　　　　　　　　　　　　　　　　　　　　　　　　　うしろ

| 前から 5 番目に指を置いてごらんなさい。（教師が確認する。全員出来ていたら）色を塗りなさい。 |

色塗りをすると，やり直すのが大変なので，始めは囲ませる。次に色塗りをさせることで，安心して取り組むことが出来る。

これらは，教師が前で例示をすると良い。

```
まえから 5 ばんめ
  まえ                                           うしろ
```

（金崎麻美子）

5月の重要単元

第3章　**5月の重要単元**

> **(2) いくつといくつ　10までの数の分解**
> **さくらんぼとだんご図を描くことで攻略**
> 数の分解を学習する時には，ノートに「さくらんぼ」と「だんご図」を描くことで，確実に答えを求めることが出来る。

　数の分解は「さくらんぼ」と「だんご図」を描くことによって，視覚的にとらえることが出来るようになる。だから，「さくらんぼ」と「だんご図」を描くことが出来れば，低位の子も必ず答えを求めることが出来る。

　しかし，１年生にとっては作業が多い。それでも，毎回同じ手順で行っていく。

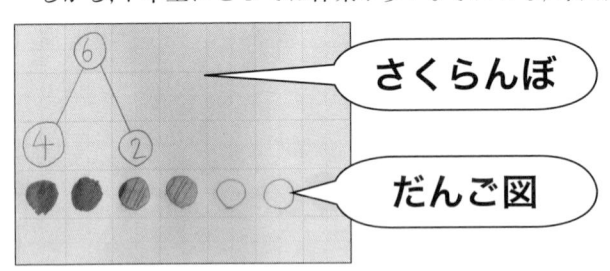

　これを１年生の子ども達にノートに書かせるというのは大変なこと。そこで，どこに何を描いたら良いのか分かるようにするために，マス目黒板などを用いるようにする。しかし，それだけも出来ない子もいる。そこで，こまめに確認をすることが重要になる。

　６は４といくつか？　という問題がある。次のように進めていく。

(1) 左上を１マス空けて⑥と書きます。

(2) ⑥に指を置きます。下に２マス動かします。そこから，左に１マス動かします。そこに④と書きます。

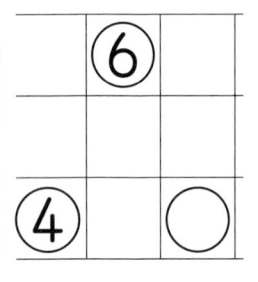

　鉛筆で書かせる前に確認が必要である。全員の机を回っていき，すばやく子ども達が，正しい位置に指を置いているかどうかチェックする。もし，間違っている子がいたら，正しい位置に直してあげれば良い。鉛筆で書かせた後に直すことになると，子ども達がやる気をなくしてしまうことになるので，必ず，

鉛筆で書かせる前に確認する。

　右と左が分からない子もいるので，黒板に示すなどの配慮が必要。

(3) ④に指を置きます。そこから右に2マス動かします。
　　そこに○を描きます。

(4) 「さくらんぼ」と言いながら，線で結びなさい。

　必ずミニ定規を使わせる。

(5) 下にだんご図を描いて考えます。
　　○を6個描きなさい。

(6) ○を4個塗りなさい。

(7) 残った○はいくつですか。(2個)

(8) さくらんぼの○に2を入れなさい。

(9) 読みます。6は4と2

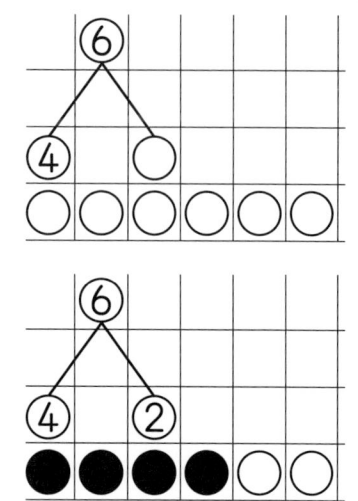

　ノートに書く作業では，かなりの時間差が出る。そこで，空白を作らないために，子ども達に何をさせていれば良いのかを考えることが重要である。「読む」「花丸を書かせる」「花丸に色塗りをさせる」など，様々なことを考えておく必要がある。特に音読は視覚・聴覚の両方から情報が入るので有効である。このように，6の分解の5つのパターンをさくらんぼに書かせて読ませていく。7～10までの分解でも同じように進めていくことで，単元を通して覚えさせていくことが出来る。数の分解では，具体物で例示してから，さくらんぼの基本型を書かせることによって，理解させていく。

（金崎麻美子）

第4章　6月の重要単元

(1) あわせていくつ ふえるといくつ（たしざん）
①あわせていくつ（合併）
たし算は百玉そろばんの操作とだんご図で乗り切る

毎時間，百玉そろばんでたっぷり操作活動を取り入れる。視覚優位な子や聴覚優位の子への配慮を行う。

授業では，2つのことを意識して行った。

| 1　毎時間，百玉そろばんでたっぷり操作活動を取り入れる。
| 2　計算問題では，だんご図を描かせる。

1　百玉そろばんを使った操作活動

百玉そろばん（20玉そろばん：「ふえるといくつ」56ページ参照）を使って，操作活動を取り入れる。

子ども用　　　　　　教師用

教科書には，操作活動の例として，ブロックが示されている。ここでは，百玉そろばんを紹介する。理由は，百玉そろばんがブロックよりも扱いやすく，短時間にたくさんの練習が出来るからである。

まずは，教師が教師用百玉そろばんを操作し，教える。

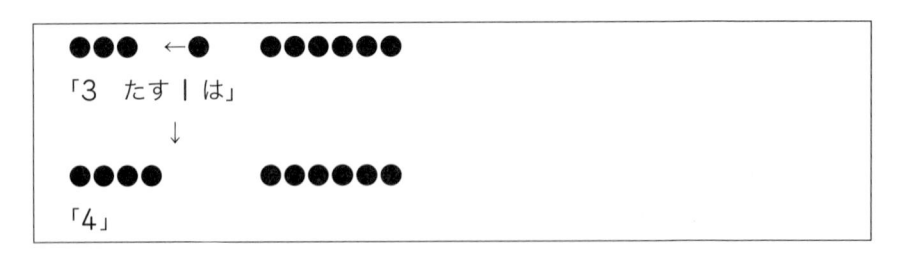

```
●●●　←●　　●●●●●●
「3　たす1は」
　　　↓
●●●●　　　　●●●●●●
「4」
```

やり方を見せる。やり方を見せずに，いきなり子どもにもやらせてしまうと，混乱してしまうので，必ず，教師がやり方を見せてから子どもにやらせる。1

度やっただけでは分からない子もいるので，2度行うとよい。どの子も「分かった」という状態を作る。

次は，教師のまねをさせ，子ども達にも操作させる。（子ども用百玉そろばん）

操作させる時のポイントは，以下である。

> 玉を動かすだけでなく，「3たす1は，4です。」のように，声に出して言わせる。

視覚優位な子もいれば，聴覚優位の子もいる。目からの情報だけでなく，耳からの情報も入れる工夫をすると良い。

2 だんご図を使って計算する

だんご図の描かせ方の実践例を紹介する。

ノートには，しき・だんご図・こたえの3点セットで書かせる。

①式を書かせる。
②その下に，数字をだんご図で表す。

《しき　3たす2を考えます。》
《3。いくつ○を描きますか？》
〈3つです。〉
《3つ○を描いてごらんなさい。》
《次は2。いくつ描きますか？》〈2つです。〉
《全部で，いくつになりますか？　数えてごらんなさい。》〈5つです。〉
《答えを書いてごらんなさい。》〈答え　5ひきです。〉

```
しき　　3+2=5
　　　○○○+○○
こたえ　5ひき
```

最初は，やり方を教える。教えたことが出来たらほめる。ずっと同じ形で教えていくのではなく，徐々に，1人でもやれるようにしていく。

教科書には，計算問題がたくさん出ている。百玉そろばんを使って解かせる場合もあるし，だんご図を描かせて解かせる場合も，両方あり得る。どちらも出来るようにしておくと良い。

（白井朱美）

第4章　6月の重要単元

（1）あわせていくつ　ふえるといくつ（たしざん）
②ふえるといくつ（増加）
○囲みや矢印の作業で「増える」を理解させる
後からたす部分を丸で囲み、矢印で付け加えることで、「増える」を実感させる。

たし算というと、合併をイメージする子が多い。「増える」ことを実感させるために、後からたす絵やブロック図を丸で囲ませる。さらに、丸で囲んだり出来るように工夫する。

1　丸囲みと矢印のセット

後からたす部分の絵は、丸囲みと矢印で付け加えさせる。

まずは、拡大コピーした挿絵などを使い、教師がやり方を教える。教師がやり方を見せてから、子ども達に同じようにさせる。やり方を示さずやらせると混乱してしまう子がいる。

「車が3台止まっています。」
「後から、2台来ました。」
（隠していた手を取る。）
「全部で、何台になりましたか。」

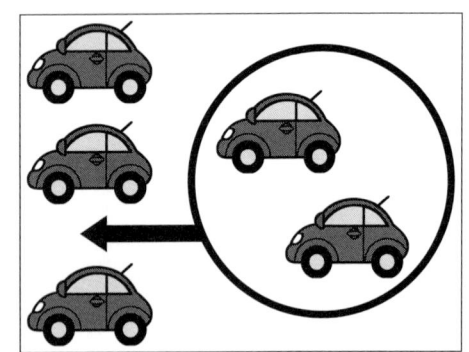

2　順序を表す言葉

教師がお話をしながら進めていく際、「はじめに」や「後から」などの順序を表す言葉を使う。

「後から」を強調して使うことで，子ども達は，「増えた」ことをイメージしやすくなる。どの子にも「増える」ということを実感させるために，教科書に出ている例題，類題は，挿絵→ブロック図→数字と進め，繰り返し指導する。同じパターンで進めることで，子ども達は先を見通すことが出来，安心して学習に取り組める。

3 操作活動

たし算の計算をする時には，操作活動を入れる。教科書には，ブロックが使われているが，バラバラになってしまうブロックは，1年生には操作しづらい。以前，ブロックで操作させたことがあるが，ブロックが床に落ちたり，口に入れてしまった子がいたりして，大変であった。

1年生のこの時期，指先が未熟で，手先が不器用な子もいる。だから，操作活動には，どの子にも扱いやすい20玉そろばん（写真上）や百玉そろばん（写真下）が，おすすめである。玉がバラバラにならないので，短時間にたくさん練習させることが出来る。「○＋△」などと，声を出しながら繰り返し操作させると，より効果的であった。

4 ノート作業

操作活動を十分にしたからといって，数字だけの念頭操作では計算出来ない子もいる。だから，ノート作業を入れる。数字の数だけだんご図を描いて，数を数えて求めさせる。「図を描いて求める」ことを体験させておくことは，数学的に考える力の土台となる。操作活動を併せて，図を描くことも体験させたい。

```
※文章題の時のかかせ方
 ○○○○○ ＋ ○○○
 しき　5＋3＝8
 こたえ　8 ひき
```

```
※計算問題の時のかかせ方
 　　5＋3＝8
 ○○○○○ ＋ ○○○
```

（白井朱美）

第4章 6月の重要単元

> （1）あわせていくつ ふえるといくつ（たしざん）
> ③ 0のたしざん
> ## 視覚情報を活用して「0」を理解させる
> 0を理解させることは難しい。百玉そろばんや，何もないお皿の絵など，繰り返し視覚化させる工夫がいる。

1年生では，0の意味について次のことを扱う。

> ①何もないことを表す
> ②空位を表す
> ③基準の位置を表す

単元「0のたしざん」では，①を教える。

1　百玉そろばんの効果

授業の導入に有効な教具は，百玉そろばんである。1年生なら，必須アイテムだ。誰でも出来る「数唱」から始める。
逆唱の最後は，

「1（いち）」　　「0（れい）」

「……，2（に），1（いち），0（れい）。」と言わせる。

子ども達は，玉が無くなった状態を見て，「0（れい）」と言うことを繰り返し体験出来る。毎時間の授業の導入で繰り返し体験することが出来るので，自然な形で，どの子にも「何もない＝0」であることを理解させることが出来る。

2　図に描かせる

0をたしたり，0にある数字をたしたりするたし算になると，間違える子がいる。例えば，3＋0の場合，答えを4と書いてしまう。「0」を「1」として計算しているのである。

百玉そろばんのような視覚情報があれば,「何もない＝0」であることは分かるが,数字だけの操作では,「0」の意味を理解出来ないからだ。

| 何もないことを図に描かせる。 |

　下のような図を描いて答えを求めさせたところ,算数が苦手な子どもも間違えずに答えることが出来た。

$$2 + 0 = 2$$
●●　　　　　　　●●

《1回目は何個入りましたか。おさらに,○を描いてごらん。》
《○を2個,描きますね。》
《2回目は何個入りましたか。描いてごらん。》
《○を描きますか？　描きませんか？》〈描きません。〉
　1個も入らなかったので,○を描かないことを確認する。
《全部で何個ですか？》〈2個です。〉
　○の数が答えとなるので,間違わずに答えることが出来る。
　式の下に図を描かせ,視覚的な情報を与えることで,算数が苦手な子も出来た。0+3のように,たされる数が0の時も,同様に図を描いて進めると間違わないで答えられた。
　0+0の計算は,簡単そうに思われるが,実は難しい。数字だけの操作では間違える子がいる。この場合も,図を描かせたい。

$$0 + 0 = 0$$

「何もないこと」と「何もないこと」をたしても,「何もないこと」であることを,図に描かせる。
　どの子にも「0」の意味を分からせるためには,図などを活用した視覚情報を与えることが必要である。

(白井朱美)

第4章 6月の重要単元

> （1）あわせていくつ ふえるといくつ（たしざん）
> ④もんだいづくり
> ## 3文の文型に言葉を当てはめて，問題作りをさせる
> 基本文型を示して教師がやってみせる。同じように言わせる。出来たらほめる。

　1年生は，この単元で初めて問題作りに挑戦する。問題作りをさせるポイントは，以下の2つである。

```
1  基本文型を示し，教える
2  教えたことが出来たら，ほめる。
```

　以前持った1年生では，教科書の例示を読んだ後，基本文型を示さず問題を作らせた。1年生の実態を考えていない乱暴な指導をしてしまった。
　一部の出来る子は，例示をまねして問題を作ることが出来たが，文型はバラバラだった。基本文型を示さなかったため，問題文を作ることが出来ないまま，1時間が終わってしまった子もいた。

1　基本文型を示し，教える

　どの子も問題作りが出来るようにするために，まずは，基本文型を教える。

```
しろいはなが5ほんあります。
あかいはなが3ぼんあります。
はなは，あわせてなんぼんありますか。
```

教科書の例示を扱うと分かりやすい。（東京書籍『新編あたらしいさんすう1上』46ページ）

　教える時には，挿絵と対応させると，子ども達はイメージしやすい。
　次に，問題作りの基本となる文型の枠を示し，言葉を当てはめさせる。
　たし算には，合併と増加がある。それぞれ分けて指導する。

```
┌─────────────────────────────────────────────────┐
│  [     ]が[     ]あります。（います。）          │
│  [     ]が[     ]あります。（います。）          │
│  あわせて，なん[   ]ありますか。    （合併問題） │
└─────────────────────────────────────────────────┘

┌─────────────────────────────────────────────────┐
│  [     ]が[     ]あります。（います。）          │
│  後から，[     ]きました。                       │
│  ぜんぶで，なん[   ]になりましたか。 （増加問題）│
└─────────────────────────────────────────────────┘

基本文型を示しただけでは，難しい。

　教科書の挿絵を使って，教師がやり方を教える。出来た問題を声に出して読ませたり，ノートに書かせたりする。実際に作った問題を読ませたり，書かせたりすることで，イメージを持たせる。文が長いので，穴埋め式のワークシートを活用する場合もあり得る。学級の実態に応じて対応すれば良い。

## 2　教えたことが出来たら，ほめる

　最初の問題は，教師と子どもと一緒に取り組むが，次からは，子ども達に考えさせる。出来た子は，教師のところに持って来させる。

　教えたことが出来ていれば，大いにほめる。「1人で出来ちゃったね。」「すごいな。」「いい問題だね。」「先生，これ気に入った。」「天才！」など，少し大げさにほめると子ども達は乗ってくる。

　友だちがほめられているのを見て，他の子も「自分もほめられたい！」と，やる気になる。教室に，知的な空気が流れる。

　早く出来た子には，黒板に書かせたり，他の問題を考えさせたり，前で発表させたりするとよい。1人で出来ない子も，友だちが作った問題を写したり，聞いたりすることで，だんだんと書けるようになるからである。

┌─────────────────────────────────────────────────┐
│【実際に子どもが作った問題】                      │
│　なわとびをまわしているこが2人います。とんでいるこが3人います。あわせてなんにんになりますか。│
└─────────────────────────────────────────────────┘

（白井朱美）
```

第4章　6月の重要単元

> (2) のこりはいくつ　ちがいはいくつ（ひきざん）
> ①のこりはいくつ（求残），のこりはいくつ（求補）
> ## 「手で隠す」がポイント
> 教科書の挿絵を手で隠す。一目で答えが分かる状態にしてから立式すると理解が深まる。

1年生の教科書は，挿絵がたくさんある。その挿絵を上手に使い，立式する前に答えが分かる状態にすると，分かりやすくなる。

1　求残と求補

「のこりはいくつ」の問題は，2種類ある。求残と求補である。

教科書には次のような問題が出されている。（啓林館『わくわくさんすう1』48～50ページ）

> 【求残の問題例】
> ①かえるが5ひきいます。2ひき帰りました。残りは何ひきですか。
> ②あめが8こあります。3こ食べると残りは何こですか。
> 【求補の問題例】
> ③子どもが7人います。男の子が4人います。女の子は何人ですか。
> ④くじが10本あります。はずれは6本です。あたりは何本ですか。

この2つの違いを子ども達に説明する必要はないが，教える側がしっかりと理解しておく必要がある。

2　のこりはいくつの問題

8こ
3こたべると，なんこ　のこりますか。

まず，上記の問題を確認する。
《あめはいくつありますか。》
〈8こです。〉
　この時，「あめは8こです。」と，文で答えさせるようにしておくと良い。
《何こ食べましたか。》
〈3こ食べました。〉
　問題が絵と文で成り立っているので，1つずつ確認をして，問題を読み取らせる。挿絵をスクリーンに映しておくと，低位の子どもにも考えやすいだろう。
《食べたあめを手で隠しなさい。》
　食べた3このあめを手で隠させる。この時，確実に3こ隠しているかが大事である。手で隠すことで，何個残っているか見て確認することが出来る。隠す時に《3こ食べる》と言いながら隠すと良い。
　手で隠した3こを，鉛筆で消す作業を全員でする。
《8から3をとると？》
〈5です。〉
《式はどうなりますか？》
（式の書き方を教える。）
　子ども達のノートは，次のように書かせる。

```
8から3をとると5
しき　8-3=5
こたえ　5こ        ○ ○ ○ ○ ○ ⦶ ⦶ ⦶
```

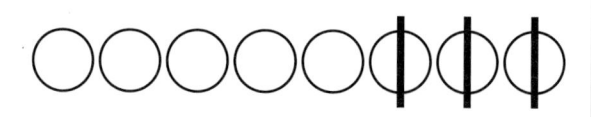

　読み方は，「8から3をとると5，8ひく3は5，こたえ5こです。」
　これを何度も言わせ，ノートを見なくても言えるようにする。最初の問題でやっておくと，この単元は同じ型でノートに書き，やり方を言えるようになる。
　ノートチェックを行う際には，ていねいに書いているか，定規を使っているかをチェックし，出来ていない場合にはやり直しをさせる。

(北島瑠衣)

6月の重要単元

| 第4章 | **6月の重要単元** |

> （2）のこりはいくつ　ちがいはいくつ（ひきざん）
> ②ちがいはいくつ（求差）
> **ポイントは1対1対応の扱い方**
> 1対1対応でちがいの数を考える。絵を線で結ぶことで意識させる。

　ちがいはいくつの問題は，「求差」と言われる。「求差」の問題には，次のようなものがある。（啓林館『わくわくさんすう1』53ページ）

> めろんが6こあります。すいかが2こあります。めろんのほうがなんこおおいですか。

　ちがいはいくつの問題は，1対1対応が出来ることが前提条件である。挿絵を使って線で結ぶ，そして立式する。絵や百玉そろばんを使って1対1対応をしっかりと定着させる必要がある。
　1対1対応の指導は次のように行っていく。

○ステップ1　教科書の挿絵を使って
　教科書の問題は，挿絵と言葉で問題になっている。たとえば，めろんとすいかの問題でいうと，「めろんが6こあります。」という文はなく，めろんとすいかの絵が書かれていて，その下に「6こ」「2こ」と書いてあるのである。

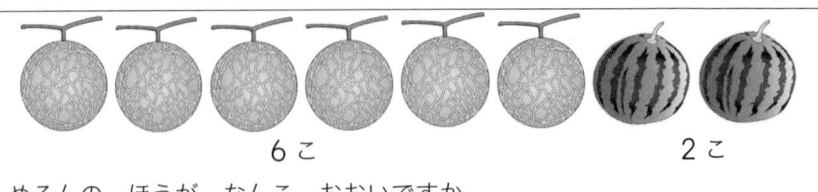

6こ　　　　　2こ
めろんの　ほうが　なんこ　おおいですか。

　この絵を使って，1対1対応を考えていく。
　教科書と同じ挿絵をスクリーンで示し，子ども達の活動と同じことを前で示すようにする。「ちがいはいくつ」では，1対1対応になった部分を取り除い

た残りが「ちがい」であることを教える。1対1対応になった部分に次のように線を引かせるようにした。

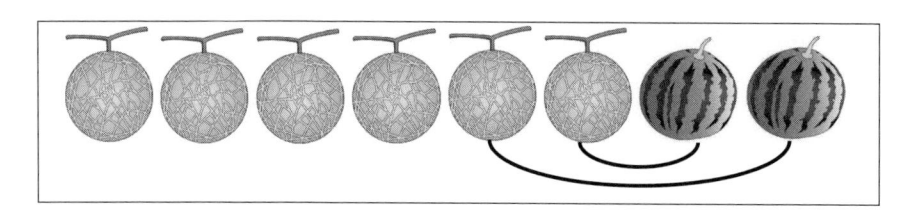

○ステップ２　ブロック・百玉そろばんを使って

　教科書の挿絵をつないだ後，ブロックに置き換えて考える。教科書には，挿絵（具体物）の下にブロック（半具体物）が書いてあることが多い。
「めろんとすいかをブロックに置き換えます。教科書のブロックを見て，何こ多いか数えましょう。」
　ここで，大事なのは，ブロックの作業を全員にさせないということだ。手先が不器用な子どもにとって，ブロックの操作は難しく，学習すべき内容が定着しないからである。ブロック操作は黒板で行い，子ども達には教科書の絵でさせると混乱することなく授業を進めることが出来る。

○ステップ３　説明させる

　最後に，挿絵を使いながら説明する活動を入れると良い。たとえば，めろんとすいかの問題では次のように言わせる。

　めろんが6こあります。すいかが2こあります。めろんとすいかをせんで結びます。めろんが4こ多いです。

　問題文と合わせて答えまで言わせる。言う際に，線で結んだ部分を手で隠しながら言わせると効果的である。1対1対応を意識し，ちがいが一目で分かるからである。

【参考文献】『向山型算数教え方教室』2012年6月号　　　　　　　　（北島瑠衣）

第4章 6月の重要単元

> **(2) のこりはいくつ ちがいはいくつ（ひきざん）**
> **③ 0をふくむひきざん**
> **0の意味を体験を通して自然と理解させる**
>
> 0は「何もない」ではなく「0こある」ということをおさえるのがポイント。
> 5＋0＝0と間違える子がいる。

　0をふくむ計算で大事なことは，「簡単だろう」と決めつけずに指導することである。0の概念は，子ども達にとって意外と難しく，理解するにはとても苦労するものである。何もない状態を0ということ，0を含む計算があること，0は足しても引いてもなにも変わらないことなど，説明しても分からないことがたくさんである。

1　0をふくむ計算

　4人が玉入れをしている絵と，1回目・2回目にそれぞれ何回入ったかが書かれた表が書いてある。

　表は，下のようになっている。（啓林館『わくわくさんすう1』119ページ）

	1かいめ		2かいめ	
みさき	2	●●	1	●
けんた	2	●●	2	●●
あすか	3	●●●	0	
たいき	0		2	●●
ゆみこ	0		0	

　まず，表の見方を確認する。
「けんたさんが1回目に入った数はいくつですか。」
　指で押さえながら，縦と横を見て数を数えることを確認する。表の見方が分からなければ，この先進むことが出来なくなるので，しっかりとおさえる必要がある。
　この表を見て，次のように発問をする。
「4人で玉入れをしています。何回目に何こ入ったか言いましょう。」

子ども達は次のように言う。
「みさきさんは1回目，2こ入りました。」
　このように，全部言わせていくと，0のところで2種類の答え方が出てくる。
①「あすかさんは，2回目0こ入りました。」
②「あすかさんは，2回目入りませんでした。」
　この2つは，①が正しい答え方である。子ども達にどちらが正しいか考えさせる。
「先生は，何こ入りましたかと聞いたので，0こ入りましたと言いましょう。」
と話す。
　ここが0の概念の難しいところである。
「0こ」＝「何もない」と思っている子どもが多いのである。算数で考える時は，「0こある」と考えなければならない。「0こ入りました。」と言わせることで，自然と0の意味を理解させたい。

「0こ」＝「何もない」ではなく，「0こ」＝「0こある」と考える。

　1年生のこの時期の子どもにとっては，「0のひき算」で何を言おうとしているか分からない子もいるであろうが，「やがて分かる」というスタンスで授業に臨む。

2　授業の様子

　0を含む計算は，簡単なようで難しい。実際に子ども達は，簡単だと言いながら計算していくが，5たす0は0というように間違えることも多かった。0が式にあることで，答えは「0だ」と錯覚してしまう子も少なくない。0を含む計算は，ていねいに扱う必要がある。

（北島瑠衣）

第4章 6月の重要単元

> **(2) のこりはいくつ ちがいはいくつ（ひきざん）**
> **④もんだいづくり**
> ## 言葉にこだわったひき算の問題作り
> 算数でも言葉にこだわる。算数だからこそ，説明に力を入れる。

　算数で問題作りをする時，一番大事なのは言葉にこだわることである。
　順序だてて説明する習慣を普段から付けておくことで，問題作りが出来るようになる。また，学習指導要領に「ものの個数を絵や図などを用いて表すこと」について指導するように書かれている。教科書の挿絵を使って話をしたり，絵を簡単な図に描き直してノートに描いたりする活動も必要である。

問題を解かせる4つのステップ

　ひき算の学習で次のような問題がある。（啓林館『わくわくさんすう1』55ページ）

> 「5−3＝2 のしきになるおはなしをしましょう。」

　これにすぐ答えられる子どもは少ない。いきなり問題を考えさせると，手が止まる子どもが続出してしまう。このような問題は，普通の計算問題と違って答え方が分からないのが難点である。そこで，問題を解かせる前に型を示す必要がある。どのように考えればお話が出来るのかを，4つのステップで以下にしめす。

> ①どんなもの（人）が何個（何人）あるか（いるか）確かめる

　このような問題では，挿絵に色々な情報が含まれている。
　その絵を描写すると，「子ども達が海にいて，海にはヨットが浮かび，空にはカモメが飛んでいる。子ども達の手には浮き輪がいくつかある。ヨットの色は赤と白があり，浜辺のカニは大小何匹かずついる。」というように，書けばきりがないほど，情報がたくさん詰め込まれている。まずは，この挿絵を見て

情報を整理する必要がある。

　挿絵を見て，何があるかを発表させる。「ヨット」「かに」「男の子」「うきわ」など，言葉だけで言わせるのではなく，「ヨットが5台あります。」「かにが3びきいます。」というように数字を含めた文で言わせるようにすると良い。数人答えると，問題の数字を意識して挿絵を見るようになり，ほとんどの子どもが文で答えられるようになる。

| ②ひき算になる言葉を確認する |

　ひき算の問題には，どのような言葉が使われていたかを，既習事項をおさえながら確認していく。1年生の教科書に出てくるひき算に使われる言葉は，「のこりは」「ちがいは」「なんこおおい」や，「かえると」「とんでいくと」などの言葉である。子ども達に言葉を意識させるのである。

| ③問題を作る |

　まずは，同じ絵を使って全員で作ってみる。「この絵を見て，5－3＝2のしきになるおはなしを作りましょう。」
　このように指示し，数名の子どもに発表させる。
「しかくが5こあります。まるが3こあります。ちがいは2こです。」
　この問題で，答え方の型を教える。3文で言えること，ひき算になる言葉を使えば出来ることをおさえて，教科書の挿絵を使ってお話作りをすると，どの子も熱中してすることが出来た。(同前55ページ)

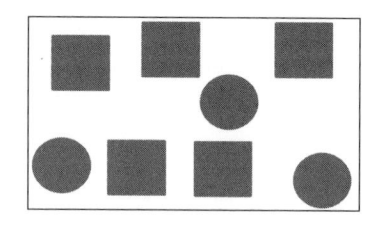

| ④お話をする |

　お話作りが出来たら，発表させる。教科書の挿絵をスクリーンに映し，絵を指しながら発表させると良い。発表させる前に，お隣さん同士で言い合ったり，ノートに書かせたりするのも良い。

　　　　　　　　　　　　　　　　　　　　　　　　　　　（北島瑠衣）

6月の重要単元

第5章　7月の重要単元

> **10よりおおきいかず**
> ① 20までの数の唱え方，数え方，読み方，書き方
> ## 発達障がいの子どもを混乱させない指導の工夫
> 耳から，口から，目から情報を入れて，20までの数をマスター出来るとっておきのサイト。

　具体物から抽象物への置き換えは，ブロックでさせるのがいいが，授業で実際に子ども達に操作させると，混乱騒乱状態に陥りやすい。

> 授業のポイント　サイトの活用が大事である。
> 岩本友子氏が作成したサイトを授業で使うのが効果的である。
> http://www006.upp.so-net.ne.jp/iwamoto/

1　サイトの活用を

「10よりおおきいかず」フラッシュサイト
（算数のフラッシュコンテンツ集・1年生用）
　具体物（文具）→半具体物（ブロック）→抽象（数字）への流れをふまえながら進める。

> ひらがなで表記されているので，読みを何度もさせて，耳から，口から，目からの情報を入れることが出来る。

2　唱え方　数え方　読み方

> 10といくつかの数を唱える練習をする。

　子どもの活動をどのように確保するかが重要である。
　まず，子どもに物の数を数えさせる。
　次に，岩本氏作成のサイトを使って，ブロックの置き換えを行う。

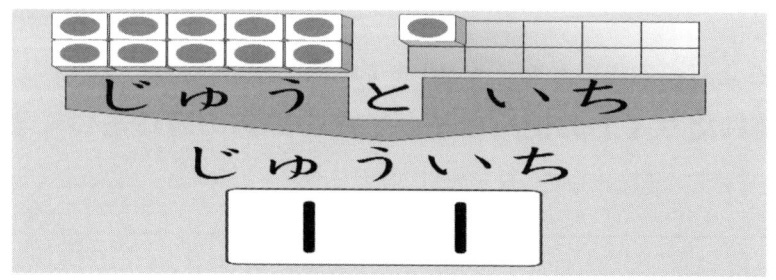

（岩本友子氏作成のフラッシュサイト）

　しかしブロックの使用は，学級を混乱騒乱状態に陥らせやすい。クラスに6％いると言われている発達障がいの児童の多くは微細運動障害を抱えており，ブロックなどの細かい作業が苦手だからだ。

3　書き方

2マスを使って，ノートに書かせることを徹底する。

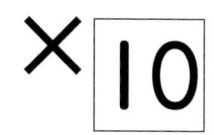

　数字は，0・1・2・3・4・5・6・7・8・9の10個の数字を組み合わせて書いている。そのため，10より大きいかずは，2マスを使って1年生から書かせていくのが良い。 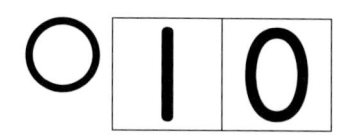
　進級して，位取りや，筆算の時にスムーズに学習を行うことが出来る。
　これは，繰り返し指導しなくては徹底することが出来ない。
　1年生のうちに習慣化するような指導が必要である。
　2マスを使って10と書いてきた子ども達は，数の構成や筆算の位取りを新しく学習する時に，2ケタの概念が自然に身に付いていた。

【参考文献】「向山型算数に挑戦105　論文審査」『向山型算数教え方教室』2008年8月号

（福田辰徳）

第5章　**7月の重要単元**

10よりおおきいかず　②20までの数の構成，系列，大小
優れたサイトの使用が子ども達の算数の基礎をつくる
目で見て，声に出して，量感をつかませるサイト。

　実際に，子ども達がブロックで操作する時，10より大きい数の構成や概念についての理解が無い状態で，操作に集中してしまって混乱が生じたこともある。

授業のポイント
この単元を通して，フラッシュサイトを活用するのが効果的だ。
岩本友子氏のサイトが一番効果的な授業が出来る。

1　サイトの活用

　TOSSランド，岩本友子氏作成のサイトが抜群にいい。
「どちらがおおきいですか。」フラッシュサイト
（TOSSランド（http://www.tos-land.net/）No. 2509702
　算数フラッシュコンテンツ集・1年）

- 10から20までの数の大きさ比べが出来る。
- 大きいほうの数をクリックし，正解するとチャイムが鳴り○が付く。
- 間違えると，ブザーが鳴り×が付き，ヒントのドットが出る。
- 半具体物と数字の関係が視覚的に一目で分かり，その関係を何度も反復練習出来，習得・定着がしやすい。

　このサイトを使うことによって，先に身に付けるべき学習内容が定着出来た。

2　20までの数の構成

10といくつかで数を構成しているかを反復する。

「10」と「7」で「17」になっていることを視覚的に訴えることを繰り返し指導する。

口で唱えて声を出し，目ではサイトを見て体感をさせる。

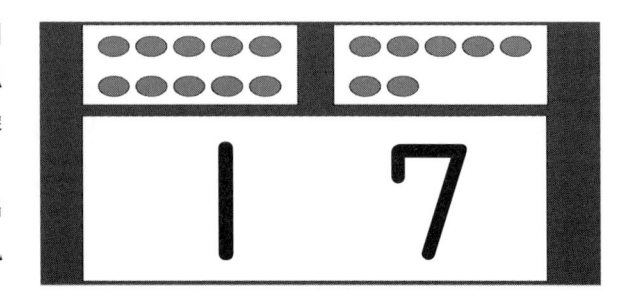

10というかたまりを，単位としてとらえることが出来るようにする。

10といくつ（3つ）で「13」だということを暗記出来れば，20より大きい数もスムーズに数の構成が分かることが出来る。

3 数の系列　数の大小

数直線を使った指導で系列の指導をする。

11-12-13-14-15-16-17-18-19-20
このように数の系列を横並びで見せる。

どこかの数字を消して，子ども達に問うのも効果的だ。

これを学習した後に，岩本友子氏のフラッシュコンテンツを使用して数の大小を問うようにする。

1年生だと，単に数字を見せるだけだと，数の概念が十分に身に付いていないことが考えられるので，ドットの半具体物が付いたもので量感を体感出来るように指導する。

（福田辰徳）

第6章　**9月の重要単元**

> （1）どちらがながい　①長さの概念
> **長さは「十字形の棒の長さ比べ」で導入しよう**
> 子どもから「測る」方法のすべてを引き出せる算数的活動である。

　十字形の棒を使った長さ比べは，長さの概念の素地を養うために最適である。

授業のポイント
①導入の時に見せると意欲が高まり，集中する
②異なった意見を引き出せるから，算数が苦手な子が活躍する場になる
③様々な「測る」方法を引き出せる
④物を長さという観点で見る目が育つ
⑤最後は全員が納得する

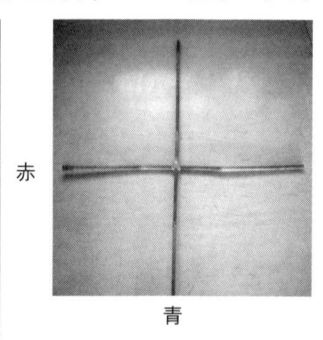

赤

青

1　発見・納得・知的興奮のある具体物で導入

　1mに近い2本の棒を十字形に組んでおく。2本の長さの差は10cm位。長い方の端に赤，短い方の端に青のビニールテープを巻いておく。子ども達に提示する時は赤を横，青を縦にする。錯視で縦が長く見えるからである。この十字形の棒を見せた途端に「先生，何これ？」「これで何するの？」とうれしそうな子ども達。全員の視線が集まっている。一気に集中力が高まった。

> どちらの棒が長いでしょう？

　子ども達の予想は，青・同じが多く，赤が少ない。「人数の多い方にしよう。」というとブーイング。「多数決じゃ決められないよ。」「調べたい！」との声。

2　様々な「測る」方法が出てくる活動

　どうやって調べたらいいかと問いかけた。「両方合わせて比べればいいんだよ。」という意見に対しては，くくってある紐は切らないと言う。すると次の

ような方法が出た。

> ア．見て大体の長さで決める
> イ．短い棒で数えていって，何本分あるか測る
> ウ．長いものさしを用意して測る
> エ．手を広げて比べる
> オ．棒を立てて床につけ自分の背の高さのどこまでくるか調べる

　様々な「測る」方法が出たのである。アは目分量。イは任意単位による間接比較。ウは普遍単位（第2学年で扱う）。エは間接比較。オも間接比較である。ア〜オを黒板の前で実演させた。イでは数えていく時にずれていってしまった。助っ人がでて短い棒の端を指で印をすることでずれないで測ることが出来た。エでは広げた手をその度に閉じてしまった。それに対しても毎回広げた長さが違うから開きっぱなしで測った方がよいとの意見がでた。実演を重ねていくうちに子ども達がざわざわとしてきた。赤（横）の方が長いという結果になったからである。「あれっ，赤のほうが長いよ。」

3「直接比較には端をそろえることが大切」だと分かる

　紐を切り，本当に赤の方が長いか直接比較して確かめた。最初は棒の下をそろえないで並べた。途端に「下をそろえて！」「そろえないと比べられないよ！」のブーイングの嵐。やんちゃな男の子達が前に出て来て，「先生，ここをそろえて。」と言い始めた。全員，比べるためには端をそろえる必要があることを理解した。端をそろえて棒を並べると少しだけ赤の棒が長い。最後は全員が納得した。

原実践：『年齢別実践記録集「初めての1年生担任」』向山洋一
【参考文献】向山洋一巻頭論文『向山型算数教え方教室』2012年9月号

（御子神由美子）

第6章 **9月の重要単元**

> （1）どちらがながい　②長さの測定
> **共通の任意単位のいくつ分か数えよう**
> 任意単位の形が変わっても，数字を書き込めば分かりやすい。
> 　最後の数字を丸で囲むことでミスを防ぐ。

　長さの測定は「いくつ分」を視覚化することでどの子も出来るようになる。

> ポイント
> ①共通の任意単位に１から順に数字を書かせ，最後の数字を丸で囲む
> ②任意単位が変わってもやり方は同じである
> ③基本型で押さえ，例題やスキルで習得させる

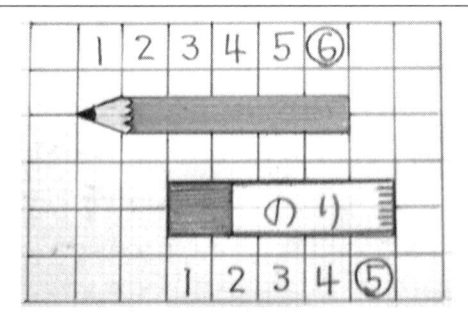

1　任意単位による測定

　測定とは基準量のいくつ分であるかを数値化することである。長さを「あるもの（任意単位）のいくつ分」として表し，比べることが出来るようにする。
　任意単位をそれぞれ異なる個別単位ではなく共通単位とし，そのいくつ分であるか数値化して比べる。共通の任意単位をきちんと数えられることが出来るようにする。そして第２学年の普遍単位による測定へと導びいていく。

2　１から順に数字を書き込ませることでミスを防ぐ

　「マスの数を数えて長さを比べます」という指示では，子ども達はさっと個数を数えて答えを出す。そのやり方だと数え違いや見落とし等のミスが出ること

が多い。さらに「どちらが」「どれだけ」長いかが正しく把握しにくい。
「えんぴつとのりがあります。どちらがどれだけ長いでしょうか。」の問題には，以下のような手順を踏ませる。

---

①共通の任意単位に着目させる。マス目である。
②測りたいものの左端を指さす。
③端からマスに１，２，３，……と数字を書き込み，最後の数字を丸で囲む。
④他も同様に左端からマスに数字を書き込み，最後の数字を丸で囲む。
⑤それぞれの長さを確認させる。「鉛筆は６つ分。のりは５つ分。」
⑥どちらが長いか判断させる。「鉛筆の方が長い。」
⑦どれだけ長いか違いを求めさせる。「マス１つ分長い。」

---

3 形が変わっても長さが測れる

共通の任意単位がマス目から車両となる。列車のように曲がっていても共通の任意単位である車両いくつ分かを数えれば良い。端から数字を書き込ませる。基本型を使って問題を解き，理解を深める。

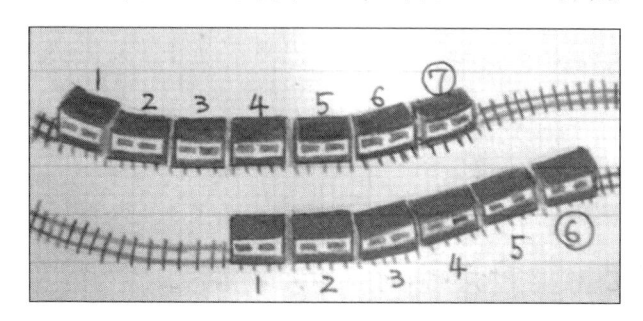

4 例題やスキルで習得させる

端を押さえて，１から順に数字を書き込ませ，最後の数字を丸で囲む。基本型の通りにやらせるとどの子も出来るようになる。

【参考文献】向山洋一論文審査解説『向山型算数教え方教室』2006年6月号

(御子神由美子)

第6章 **9月の重要単元**

---

(2) 3つのかずのけいさん　簡単な3口の数の加減計算

具体物→半具体物→抽象物と変化のある繰り返しで原理を理解させる

挿絵を使い，具体物→半具体物→抽象物と変化をつけながら，3口の計算の原理を理解させ，ノートへの基本型と百玉そろばんで定着させる。

1　3つのかずの計算場面をイメージする

　問題場面をイメージさせるには，子どもの頭に問題場面が浮かんでくるように，教師がゆったりと，ゆっくり，数字が際立つように問題を読むことである。
(啓林館『わくわくさんすう1』80ページ)

3つのかずのけいさん
絵を見ます。
電車に乗っているのは，
誰ですか。
(ねずみです)
問題を読みますよ。
「**ねずみ**が5ひきのっています。」（間）
「3びきのりました。」（間）　「また，2ひきのりました。」（間）
「**ねずみ**は，なんびきになりましたか。」

2　挿絵からブロック，数字へと置き換える

　イメージ出来たら，次は，挿絵という具体物から，ブロックという半具体物へ，そして式と答えという数字へと抽象化させていく。

「もう一度，絵に戻りますよ。」
「電車にねずみが5ひきのっています。」
「5ひきのねずみを指さします。赤鉛筆でぐるっと囲ってごらん。」
「その下にブロックがあります。いくつありますか。」

「5個ですね。これは，ねずみが5ひきのっているということです。」
「ブロックも赤鉛筆で囲みます。そして下に「5」と書きます」
「きのこ駅に着きました。3びきのりました。○で囲ってごらん。その下にブロックが3個あるね。これも囲みましょう。そして，数字を書きます。何ですか。「3」ですね。」
「増えたから，5と3の間には，何を書きますか。「＋」ですね。」
「今，電車には何びき乗っていますか。計算します。8ひきですね。ブロック2段目「8」と書きなさい。次にお花駅に着きました。また，2ひきのりました。ねずみとブロックを○で囲み，「2」と書きます。」
「増えたのですから，間に何を書きますか。「＋」ですね。」

3　ノートに基本型を書かせ，定着させる

　基本型を板書し，ノートに写させる。ポイントは，途中の答えを書かせることである。途中の答えが目に見えるから，子どもは混乱しない。

```
しき　5＋3＋2＝10
　　　　8
こたえ　10ぴき
＜読み方＞5＋3＋2は，
　　　　　5＋3＝8　8＋2＝10です。
＊線と途中の答えは赤鉛筆。
```

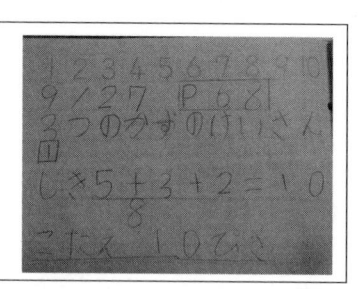

4　百玉そろばんで，さらに定着させる

　百玉そろばんを使って，計算練習をすると，さらに定着していく。

《5》〈5〉《たす3》〈たす3〉《たす2は？》〈10です〉《そのとおり！》

　授業初めに，繰り返し練習していくと，苦手な子も出来るようになっていく。ポイントは，テンポ良く問題を出し，出来たことを，ほめることである。

【参考文献】木村重夫「実力急増講座」『向山型算数教え方教室』2004年12月号，2005年1月号

（佐藤貴子）

第6章 9月の重要単元

> **(3) どちらがおおい　①かさの概念**
> **教師の演出で，子どもが熱中する知的興奮のある楽しい授業を！**
> 2本の空き容器を見せ，どちらが多く水が入るかを予想させる。「自分の予想が正しいかどうか，調べたい！」と思うから，子どもは熱中する。

1　子どもが熱中する知的興奮のある楽しい授業を！

　向山洋一氏は，『向山型算数教え方教室』2006年6月号の論文審査解説で，「かさくらべ」について，「この教材は『熱中しやすい教材の代表』だ」と書いている。教師の演出が，知的興奮のある楽しい授業にする「かぎ」である。

2　子どもの多様な考えを引き出す教師の演出

> AのペットボトルとBの入れ物，どちらが多く水が入るでしょう。
> Aだと思う人？　Bだと思う人？　同じだと思う人？（挙手）
> 人数の多い方に決めましょう。

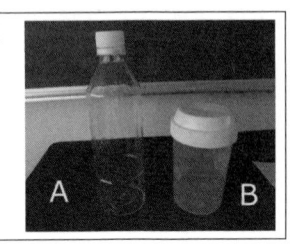

　入れ物は，かさが少しだけ違うものを用意する。挙手をさせ，人数の多い方で決めると話すと，「だめ～!!」と反論があるだろう。

> では，どちらが多く入るか，どうやって調べますか。先生が分かるように，調べる方法を，ノートに絵や図，言葉なんでもいいので，かいて持ってきます。

　言葉でも絵でも，なんでもOKである。最初に持ってきた子を，「すごいね！」「よく考えたね！」と，うんとほめる。ほめることにより，他の子ども達も方法を考えようとする。1つ考えたら板書させる。思い付かない子は写せばよい。板書を参考にし，考えが浮かんでくる子もいる。

- Ａのペットボトルに水を入れ，Ｂの入れ物にいれる。（直接比較）（Ｂの入れ物から水があふれたら，Ａのペットボトルの方が多い。）
- Ｂの入れ物に水を入れ，Ａのペットボトルに入れる。（直接比較）
- ＡとＢの両方に水を入れ，別の入れものに水を入れる。入れ物は同じもの。（間接比較）（どこまで水が入ったか，水の入った高さで比べる。高い位置にある方が，たくさん水が入る。）
- コップで何杯かを調べる。（任意単位による比較）

自分の考えた方法を前でやってもらいましょう。

　実際に，入れ物を持ちながら実演させる。この場合は，答えが分かってしまうので，まだ水は使わない。自分の言葉で説明をさせる。

友達の考えの中で，「おかしい！」と思う方法は，ありませんか。

　おかしい意見はないか，皆で考えることにより，知的興奮が生まれる。そして，子どもは実際に確かめたくなるはずだ。そのタイミングで，教師は子どもを前に集め，「どうかな，どうかな？」といった感じで，もったいぶって子どもの考えた方法を行う。水があふれそうになると，子ども達は興奮状態になり，どきどきし盛り上がる。予想があたると大喜びし，歓声があがる。

3　量の保存性・教師の演出で知的興奮が生まれる

　同じビーカーに同じだけ水を入れ，形の違う容器に入れる。最初，同じ水のかさであったのに，ぱっと見ると，水面の高さが高い方が水のかさが多いように子どもは感じる。この場面も，「どうかな，どうかな？」と，教師がわくわくするように演出していくと，楽しい学習となる。教師の実演を見ることにより，子どもは，容器の形が変わってもかさは変わらないという量の保存性に気付いていく。

【参考文献】「向山型算数に挑戦79論文審査」「向山型算数に挑戦154論文審査」
　　　　　『向山型算数教え方教室』2006年6月号，2012年9月号　　　　（佐藤貴子）

第6章 9月の重要単元

> **(3) どちらがおおい ②かさの測定**
> **かさの測定は，教師が実演してから，操作活動をさせる！**
> 実際に，自分で水の量をはかることにより，子ども達は，共通性をもった任意単位の便利さに自然に気付いていく。

1 多くのものを比べる

　直接比較・間接比較を経験した子ども達には，さらにダイナミックな活動をしながら，共通性をもった任意単位の便利性に自然に気付かせたい。

> だれの水筒が一番多く入るかな。

　前時は2つの量の比較をした。しかし，今度は多くの量の比較である。考えていくうちに子どもは，自然にコップを単位にした「いくつ分」という任意単位の便利さに気付いていく。
　実際に体験をさせながら，1年生なりにその良さに気付かせ，測定の素地を養っていくことが，ここでの学習の重要ポイントである。

2 予想する→どうすれば分かるか考える→調べる

> みんなの水筒です。誰の水筒が一番多く入るかな？ 手を挙げます。

　大きさの違ういくつかの水筒を見せ，発問する。

> 一番手がたくさん挙がったので，A君の水筒が一番多く入るんだね。

「だめ～」と反論するはずである。

> では，どうやったら，分かりますか。

いろいろな考えを出させる。

> どの方法で調べるといいでしょう。

どの意見も認め，任意単位の比較が便利であるということに気付かせる。

> まず先生がやってみますよ。

1年生の子どもは，水に触れているだけで喜ぶ。今，何をしているのか，何のために，コップに水を入れているのか，そういった肝心なことが抜け，単なる水遊びになってしまうことが多い。まずは，教師がやって見せ，測定の仕方を教えることが大事だ。コップに移す時にこぼしていたら，正しい測定にはならない。水はぎりぎりまで入れるとこぼれてしまうことなどを，実演しながら教えていく。「コップいくつ分」という言い方を教え，実際に見て確認する。

> ペアで協力して，自分たちの水筒は，コップいくつ分か調べましょう。
> こぼさないように量るんですよ。

1人でやると，こぼしてしまうので，1人が水を入れる。1人がコップを持つという具合にペアで行う。1人1人きっちり測定の体験をすることが出来る。面倒でも，1人1人に測定の体験をさせたい。

> このように，コップやビーカーを使うと，「○○のいくつ分」というはかり方が出来ます。この方法は比べるだけでなく，いろいろなものが，どれぐらいのかさがあるかが分かります。たとえばこのやかんは，コップ何杯分だと思いますか。（予想させ，確かめる）「なんばい分」という言い方をすれば，どの入れ物が一番たくさん入るのかがすぐに分かって，便利ですね。

教師が測定の仕方を教えてから体験させると，混乱もない。　　　（佐藤貴子）

第7章 10月の重要単元

> **（1）たしざん（繰り上がりのある加法）**
> ①たしざんをブロックやそろばんで操作する
> ## 20玉そろばんを使い，繰り上がりのあるたし算を指導する
> 20玉そろばんを活用することで，10のまとまりを意識させ，1位数どうしの繰り上がりのあるたし算を理解させる。

1　10のまとまりを意識させる

　初めて繰り上がりのある計算に取り組む。

　今までの学習で，「10は9と1」「9と1で10」など，10の分解・合成の学習をしている。また，「9+1+3＝10+3」のように，10にして計算する学習をしてきている。

　繰り上がりのあるたし算では，「10のまとまりをつくり答えを出していく」ことに重点を置く。

10の合成・分解

　10は「いくつといくつ」で出来るのか，すらすら言えるようにすることが大切である。これらを繰り返し学習するのに，以下の教材を使用する。

百玉そろばん

　百玉そろばんを使えば，テンポよく何度でも簡単に繰り返し練習することが出来る。順唱，逆唱，10の階段，10の合成・分解で，10のまとまりを意識させていく。

2　20玉そろばんを活用する

20玉そろばん

　ブロックとは違い，バラバラにならない，一目で分かる，10のまとまりを作りやすい等の利点がある。また，1位数同士のたし算・ひき算では，20玉そろばんの方が，百玉そろばんよりも，一目でぱっと見やすく，児童も操作しやすい。

　実際に1学期にブロックを使用した授業では，児童が上手くブロックを操作出来ない場面があった。1つ1つを取り出すのに時間がかかったり，机の下に落としてしまったり，教科書の上に置いても，教科書からブロックが滑り落ちてしまったりしていた。

　20玉そろばんで計算練習に取り組むと，20玉そろばんと向き合って集中して課題に取り組むことが出来た児童が多くいた。繰り上がりのあるたし算も20玉そろばんを使用して，子どもに出来るようにさせたい。

　ノート指導を意識し，右記のさくらんぼ計算を基本形にして，20玉そろばんの操作をする。

　繰り返し何回もそろばんを動かすことで，10のまとまり，1といくつに分けることを体感させる。活

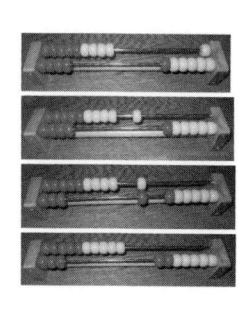

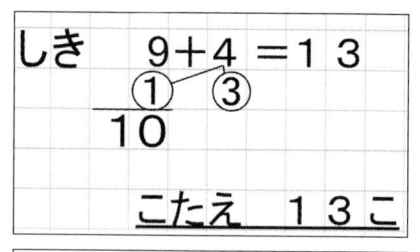

```
しき　9+4＝13
　　　①　③
　　　10

こたえ　13こ
```

①9+4の　けいさん。
②9は　あと　1で　10。
③4を　1と　3に　わける。
④9に　1を　たして　10。
⑤10と　3で　13です。

動量を増やすことで，やりながら自然と学習内容が身に付くようにさせたい。
【参考文献】『向山型算数授業法事典・小学1年』
　　　　　『担任ビギナーズ・365日の仕事術1　小学1年の担任になったら　学級づくり・授業づくり』

（津田奈津代）

第7章 10月の重要単元

> **(1) たしざん（繰り上がりのある加法）②たしざんをノートに書く**
> **さくらんぼ計算を使い，繰り上がりのあるたし算を指導する**
>
> さくらんぼ計算をノートに書かせ，計算の過程を言わせることで，繰り上がりのあるたし算の計算の仕方を身に付けさせる。

1　さくらんぼ計算を基本型にする

　さくらんぼの補助計算は，計算過程が残る。間違いも発見しやすい。
以下の基本型を書く（ノート），基本型を言うことが出来るようにする。

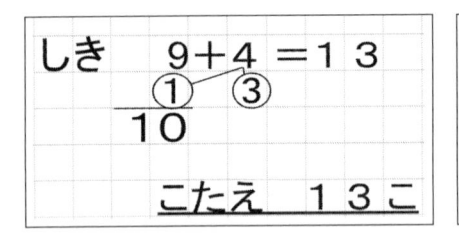

しき　9+4＝13 　　　①　③ 　　10 　　こたえ　13こ	①9+4の　けいさん。 ②9は　あと　1で　10。 ③4を　1と　3に　わける。 ④9に　1を　たして　10。 ⑤10と　3で　13です。

2　教科書の挿絵はていねいに扱う

　1年生の中には，文章題を読んだだけで式を立てることは難しい児童もいる。挿絵は文章題の理解を助けるので，丁寧に扱う。（東京書籍『新編あたらしいさんすう1下』3ページ）

> どんぐりをひろいにいきました。女の子は何個ひろいましたか。数えましょう。

　　数えさせる。9個と確認する。
　　男の子も同様に数えさせ，4個と確認する。

> 2人は，合わせて何個ひろいましたか。数えてみよう。

答えを13個と確認し，挿絵を使って見通しを持たせる。

3　20玉そろばんと連動させる

まず教師が読み，子どもに読ませる。

---
①しきをかきましょう。鉛筆マークのところに書きます。

9+4，9+4＝13を正解とする。

---
②けいさんのしかたをかんがえましょう。
　どんぐりがそろばんに変身しました。
　20玉そろばんでお勉強しましょう。

　教師が演示する。児童も20玉そろばんを動かして，やってみる。繰り返し何回もそろばんを動かすことで，10のまとまり，1といくつに分けることを体感させる。活動量を増やすことで，やりながら自然と学習内容が身に付くようにさせたい。

4　基本型を定着させる

　基本型（さくらんぼ計算）をノートに書く。数字1つを1マスに入れて書かせる。

　さくらんぼの○を数字の下にうまく書けない児童もいる。○を書けたら持ってくる，マスいっぱいに○を書く，等，スモールステップで書かせていく。

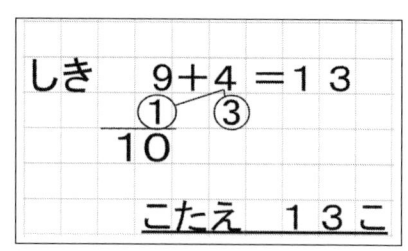

【参考文献】『算数教科書教え方教室』2013年12月号
　　　　　　『担任ビギナーズ・365日の仕事術1　小学1年の担任になったら　学級づくり・授業づくり』

（津田奈津代）

第7章　**10月の重要単元**

> （2）かたちあそび
> 立体図形の基礎概念と分類（はこの形，つつの形，ボールの形）
> **かたちあそびを通して立体の特徴をとらえる**
> 立体図形の学習のスタートは，手で触れて，たくさん活動させて，特徴をとらえ，分類することで，基礎概念が身に付く。

1　1年生で学習する立体図形の種類分け

 1年生の立体図形の学習では，かたちあそびの活動を通して，形の特徴をとらえたり，仲間分けしたりする。

 特徴のとらえ方として，㋐手でさわって動かしてみるような動的なとらえ方と，㋑いろいろな方向から眺めてみるような静的なとらえ方がある。

 ㋐は形の機能，㋑は形の形態である。

㋐形の機能

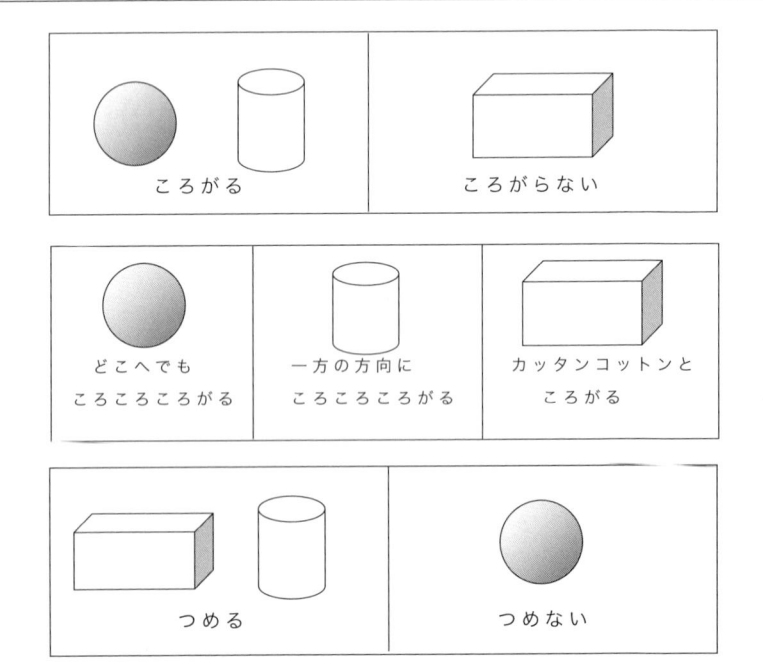

| ころがる | ころがらない |

| どこへでも ころころころがる | 一方の方向に ころころころがる | カッタンコットンと ころがる |

| つめる | つめない |

㋑形の形態

どこからみても まる	横から見るとながしかく 上から見るとまる	横から見ても 上から見てもしかく

㋑は，上の学年へつなげる意味も含めて，形の特徴のモデル化も出来る。

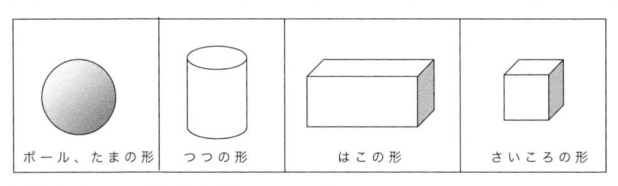

ボール、たまの形	つつの形	はこの形	さいころの形

このことを踏まえて，授業を進めていく。

2 授業の流れ
①物を用意する
　授業を行う前にたくさんの物を用意しておく。ティッシュの箱，ジュース缶，お菓子の空き容器など，教師も集める。子ども達に見本を見せて，集めさせるのも良い。学校には，算数教材室等に立体の模型があるところも多いので，それも活用する。教師もたくさん用意しておくことが大切である。
②活動出来るスペースを用意する。
　教室の場合，机と椅子を後ろに下げて活動出来るスペースを確保する。
③作業　遊び→分類→分けた物の名前付け
　たくさんの作業をさせる。転がしてみる，積んでみる，作品を作ってみる。そして，仲間分けをして，形の特徴をとらえさせていく。
④形を写す
　立体の面には，平面図形があることを知る。形を写し，その形を利用して，絵を描かせる。

【参考文献】『算数教育指導用語辞典』(教育出版)
　　　　　　『算数教科書教え方教室』2013 年 10 月号

(津田奈津代)

第8章 11月～12月の重要単元

> ひきざん（繰り下がりのある減法）
> ① 「減加法」をそろばんで操作する
> **余分な玉は隠す**
> 20玉そろばんを操作する時，手で隠すことで子どもの視線が集中する。

減加法のポイント

ぱっと見た時に，10がすぐ分かるように置く。

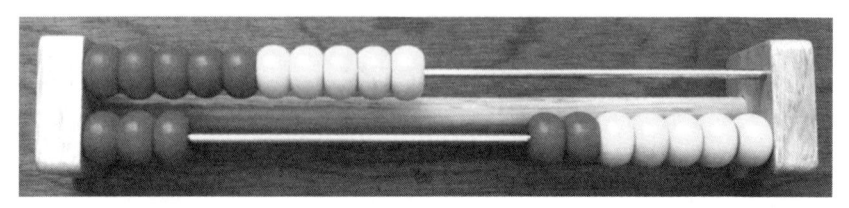

「13－9。」
「3から9はひけない。」
「13を10と3にわける。」
「10から9をひいて1。」

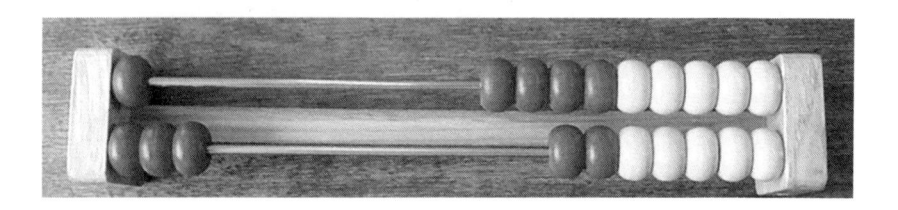

「1と3で4。」

左端に答えが残る。この置き方と唱え方で，ほとんどの子が繰り下がりの引き算が分かるし，出来るようになる。しかし，右端に残った玉が気になる子もいる。そういう子には，手で隠して余分な数が目に入らないようにする。唱え方は同じだ。隠すことで必要な情報が明確になる。

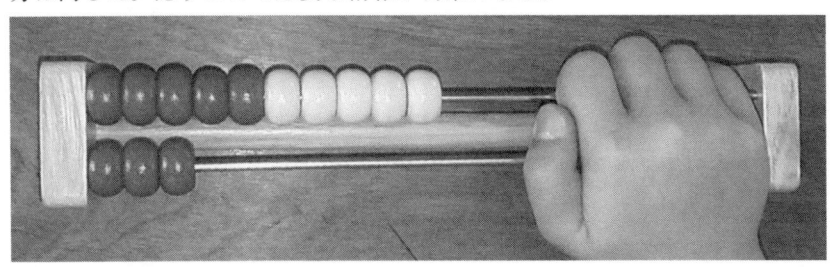

「13-9。」
「3から9はひけない。」
「13を10と3にわける。」
「10から9をひいて1。」

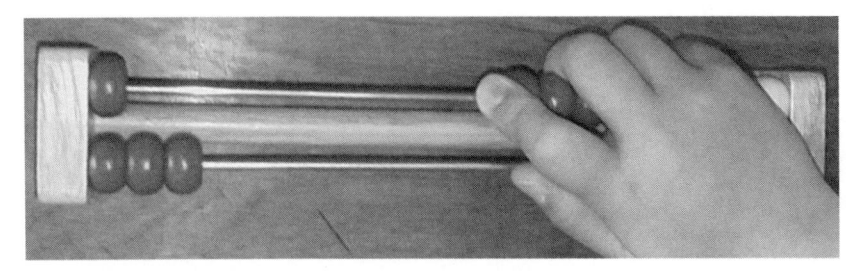

「1と3で4。」

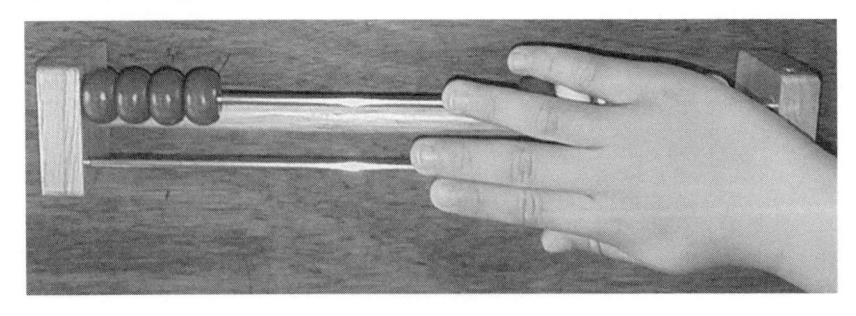

（楢原八恵美）

第8章　11月～12月の重要単元

> ひきざん（繰り下がりのある減法）
> ②「減加法」をブロックで操作する
> **ブロックひきざんが出来るようになる並べ方**
> サクランボの数が一目で分かるためには，10のケースを使うと良い。

　ブロックもそろばんもぱっと見て数が量として分かるところがいい。そろばんは玉が1段に10個並んでいるので，13という数なら上の段が10で下の段が3とすぐ分かる。しかし，ブロックは10のケースを使わないと10の固まりが意識出来ない。

ブロックを使う時は，必ず10のケースを使う。

　13-9を例に挙げて説明する。
　教師がいきなり「13。」というと，下の写真のようにブロックをそのまま並べる児童がいる。この並べ方だと，数えないといくつあるのか分からない。

10の固まりが一目で分かるように並べるためには，
10のケースを使い，2列に並べる。

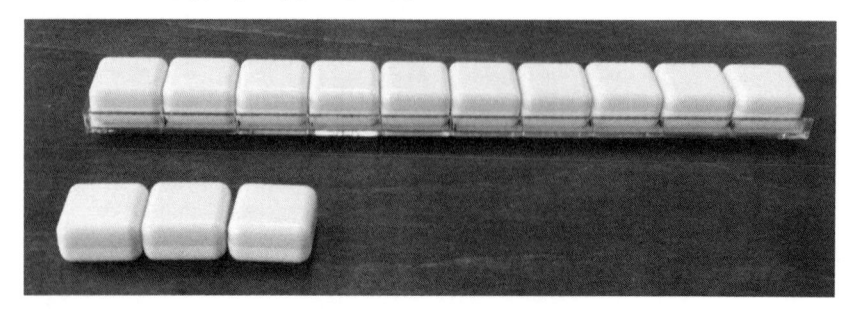

ぱっと見て10の固まりが分かる。10からの数も取り出しやすい。

「13−9。」
「3から9はひけない。」
「10から9をひいて1。」ケースから右へ一気に9個出す。
　下の3個をケースに入れる。

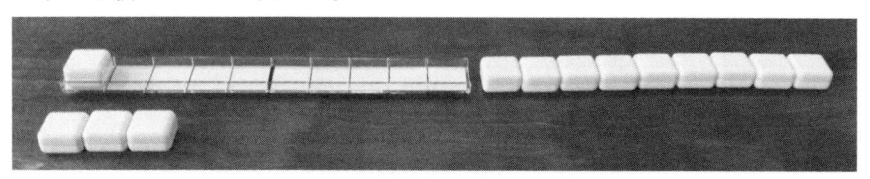

「1と3で4。」

10と3を1列に並べる方法もある。

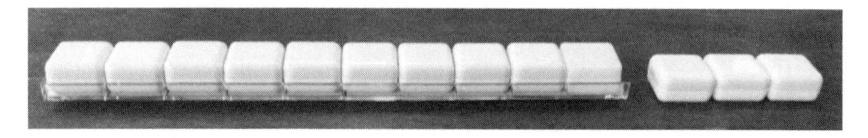

しかし、この並べ方だと10のケースから9が取り出しにくい。
下の写真のように、1個ずつ取り出さないと取れない。

　ブロックは置きかえも出来て便利だが、ケースに入れ直す時に時間と手間がかかる。子どもが積み木のようにして遊ぶこともある。特別支援を要する児童は手先があまり器用ではない。軍手をしてブロックをつまんでいるような状態だ。玉を横にスライドさせるだけの20玉そろばんとは操作性に大きな違いがあり、時間内に処理出来る問題量は20玉そろばんの方がはるかに多い。

（楢原八恵美）

第8章　11月〜12月の重要単元

> ひきざん（繰り下がりのある減法）
> ③「減加法」をノートに書く
> ## シンプル　イズ　ベスト
> ひき算の書き方はいくつもある。どれにするか決めるのは教師だ。

　子どもがつまずく繰り下がりの計算を習得させるために，さくらんぼ計算が生まれた。ノートの書き方は次の3点が貫かれている。

> ①引かれる数を10といくつかに分ける。
> ②10から引く。
> ③10から引いた数と引かれる数の残りのいくつとをたす。

『向山型算数教え方教室』誌に掲載されていた減加法の書き方の中から，よく使われていた書き方や特徴のある書き方を紹介する。

①一つ一つの計算を式に書き，筆算へつなぐ書き方

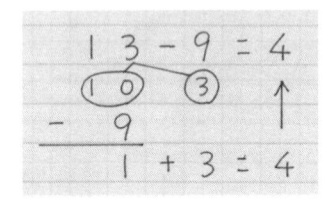

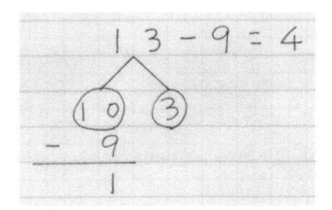

②10-9の答え1と3を囲む書き方

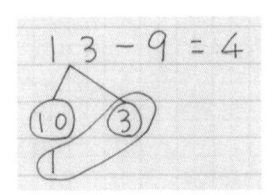

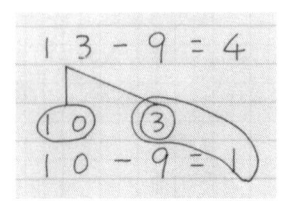

③さくらんぼの高さを変えた書き方

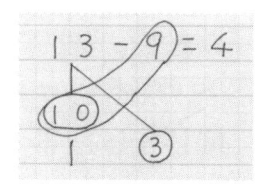

　それぞれよく工夫された書き方だ。子ども達の中には，書くことが苦手な子もいるので，簡単に書けて10から取ることが分かる書き方がいい。

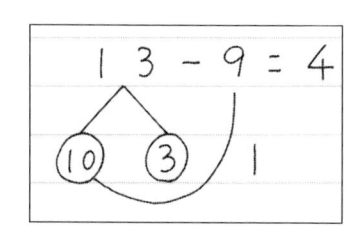

　『向山型算数教え方教室』2011年3月号に掲載された岩本友子氏の書き方が，子どもへの負担が少ないのでおすすめだ。

　唱え方と手順を書く。
①「13－9。」ノートに13－9と書く。
②「3から9は，ひけない。」「13を10と3にわける。」
③「10から9をひいて1。」
④「3と1で4。」

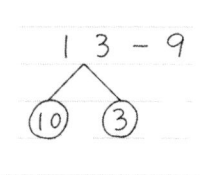

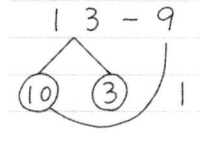

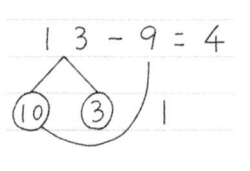

　　　　　　　　　さくらんぼ計算を書かせた時に，どうして分けて書くのか分からないという子がいた。1学期から10玉そろばんを使い，玉の操作には慣れていたはずなのにさくらんぼを書くことにすごく抵抗があった。

　振り返るとそろばんばかりやっていて，数字に置き換えることが不足していたのだ。バランスが悪かった。「10のさくらんぼ」をフラッシュカードにして授業の最初に答えを言わせたり，TOSSランドにアップされているサイトを利用し数字に慣れさせることが大事なことだと改めて感じた。

【参考文献】「授業開始で使える10の合成フラッシュカード」TOSSランド No.2311198

（楢原八恵美）

第8章　**11月～12月の重要単元**

> ひきざん（繰り下がりのある減法）
> ④「減減法」の指導
> ## 同じだけ取る
> ひき算の「もう1つのやり方」を分かりやすく教える。

減減法とは，例えば15−7であれば，
7−5=2（最初の減）　10−2=8（2回目の減）　というように，繰り下がりのある計算を2回のひき算に変形して計算する方法である。

1　そろばんで操作する

2つの量を比べて取るので，30玉そろばんを使う。
(20玉そろばんなら2つを合わせて使う。)

①「15−7。」

上2段に引かれる数15を置く。
下に引く数7を置く。
②「5から7は，ひけない。」
③「7を5と2にわける。」

引かれる数の一の位が5なので，
引く数7を5と2に分ける。

④「5ひく。」

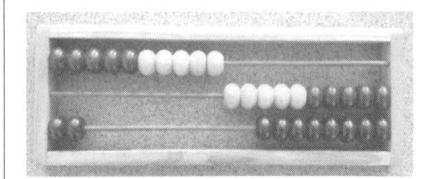

⑤「2ひく。」

⑥「答え8。」

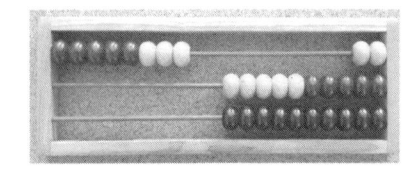

2 ブロックで操作する

2つの量を比べて取るので,隣とブロックを合わせ3列にする。

① 「15-7。」

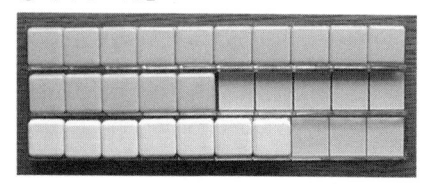

④ 「5ひく。」

② 「5から7は,ひけない。」
③ 「7を5と2にわける。」

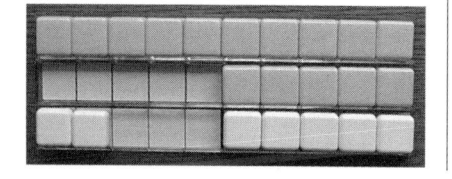

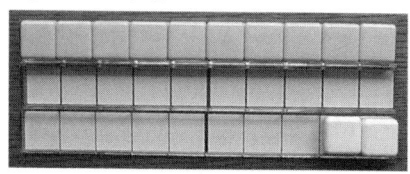

⑤ 「2ひく。」
⑥ 「8。」

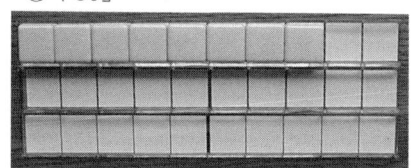

3 ノートの書き方

① 「15-7。」

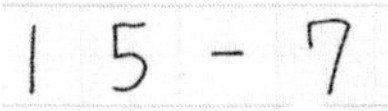

15 - 7

② 「5から7は,ひけない。」
③ 「7を5と2にわける。」

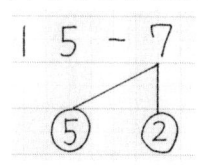

④ 「5ひく。」

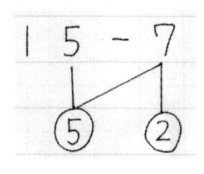

⑤ 「2ひく。」

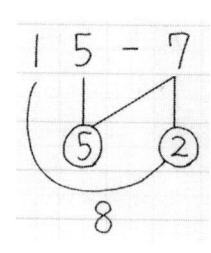

10から2を取るので,線でつなぐ。
10-2=8
答えの8を書く。

⑥ 「8。」

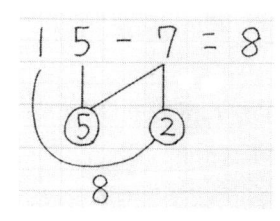

【参考文献】岩本友子論文『向山型算数教え方教室』2011年3月号,p.8～9

(楢原八恵美)

第9章　1月の重要単元

> 20 よりおおきいかず
> ① 100 までの数の数え方，読み方，表し方
> ## 「10とび」から始める「大きな数」
> 「教師用百玉そろばん」の「10とび」からテンポ良く問題を出していき，数の数え方，読み方，表し方を教え，慣れさせていく。

1　「大きな数の数え方」は，「10とび」から

　教師用百玉そろばんでの数唱では，数詞を覚えて言っているだけの子どももいる。数唱をさせた後，発問をして数の仕組みを理解させていく。

① 10とび『TOSSランド No. 4008842』教師用百玉そろばんで，10ずつ増える「10とび」の練習をさせる。

② 10が□つで□0

　教師用百玉そろばんで，10を見せて発問する。

発問《いくつ？》　　　　　　児童〈10。〉
発問　（20にして）《いくつ？》　児童〈20。〉

> 発問　10と10で「じゅうじゅう」じゃないの？

児童〈10とびで，10の次は20って言ったよ。〉
児童〈10が2こあるから，「にじゅう」だよ。〉
　揺さぶり発問で子ども達の関心を引き付け，「10と10で20」を確認させる。
指示《10が2つで20，みんなで？》　児童〈10が2つで20。〉
　さらに，ランダムに問題を出して，同じ言い方で言わせていく。

2　百玉そろばんを位取り表へ変化させる

発問　（教師用百玉そろばんで26を見せる）《いくつ？》　児童〈26です。〉
　次に，教師用百玉そろばんを90度回転させる。
　玉が落ちないよう洗濯ばさみで止める。
　下半分を画用紙で隠し，他の玉が目に入らないようにする。

これを，位を書いた黒板前に置く。

発問《10の束はいくつ？》

児童〈2つ。〉

指示（2を板書）《そうだね。「十の位は2」，言ってごらん。》

発問（百玉の6を指さして）《一の位は？》

児童〈6。〉（「6」を板書）

指示《一の位は6。》

　次に，逆を問う。

発問《「2」は，何の位？》

児童〈十の位です。〉

発問（36にして見せて）《十の位はいくつ？》

児童〈十の位は「3」。〉

　同様に，百玉そろばんを使って問題を出していく。

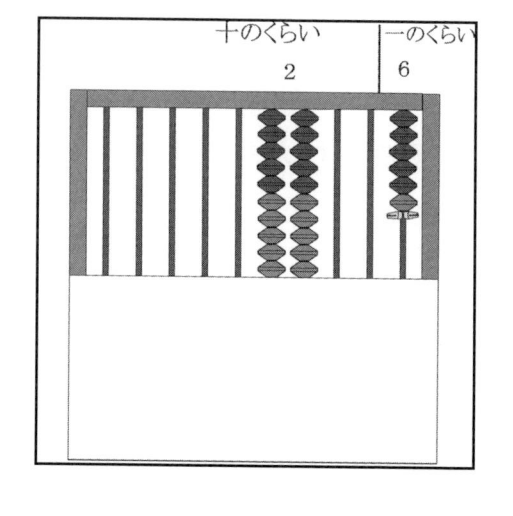

3　位取り表をノートに書かせる

　右図のように，ノートに書かせる時は，位取り表ごと書かせる。

　ノートを持って来させて，確認する。

　その後，問題を出して，ノートに書かせたり，答えさせたりする。

発問《②，十の位は5，一の位は7。
　　　いくつか，書いてごらん。》

児童〈57です。〉

発問《7は何の位ですか？》　　　　　　　児童〈一の位です。〉

発問《5は何の位ですか？》　　　　　　　児童〈十の位です。〉

発問《第三問。一の位は4，十の位は0。いくつ？》　児童〈4です。〉

（小室由希江）

第9章　1月の重要単元

> 20 よりおおきいかず
> ② 100 より大きい数の数え方，読み方，表し方
> ### 100 より大きい数は，お金を使う
> お金を使ったり，位取り表を使ったりすると，間違いなく読んだり書き表したり出来る。お金と位取り表で，定着を図る。

1　「お金」を使って考えさせる

　黒板にお金の絵を貼りながら，テンポよく発問していく。

　1人の子に言わせるだけでは，聞き落として頭に入っていない子がいるかもしれない。1つの発問でも何人も子を指名して言わせたり，「全員で」，「1から3号車で（○号車：机2列のかたまり）」と，一斉に言わせたりしていく。

発問《何円ですか？》	児童〈100円です。〉
発問《1円に換えてもらったら，何枚？》	児童〈100枚です。〉
発問《100円と1円でいくら？》	児童〈101円です。〉
発問《100円と20円でいくら？》	児童〈120円です。〉
発問《100円と23円でいくら？》	児童〈123円です。〉

2　位取り表を使う

　図のように黒板に位取り表を書いて，お金を貼って，問題を出す。

百のくらい	十のくらい	一のくらい
100	10	1　1　1
1	1	3

発問《いくらですか？》
児童〈113円です。〉

　ノートに数を書かせる時にも，位取り表を使う。まず，黒板に右のような簡単な位取り表の見本を書く。必ず，1マスに1つの字を書くようにさせる。子ども達にも，ノートに位取り表を書かせる。

	百	十	一
①	1	1	3
②	1	2	0
③	1	0	6

指示《ノートに書きなさい。「①，ひゃく，じゅう，さん」。》
説明《①は，「1」「1」「3」だね。出来た人？　赤で丸。》
　　次に，空位がある場合の指導。
指示《「②，ひゃくにじゅう」。》
発問《百円が1枚，十円が2枚だから，いち，にい（12）。これでいいよね？》
　　ゆさぶり発問をする。空位のところに着目した子ども達は，「それだと12（じゅうに）だからだめ。」，「数がないから，0を書かないといけない。」などと言うだろう。「0」を書くことを指導する。
指示《「③，ひゃく，ろく」。》
　　書けたらノートを持って来させ，チェックする。早く出来た子にお金を黒板の位取り表に貼ってもらう。十の位が空位であることが分かる。
発問《お金を貼らなくても書けるかな？「ひゃく，さん」。》
　　教師が言った数字を書かせる練習をする。

3　百玉そろばんでの練習「次の数」

　並んでいる数の間にある空白を埋める問題になると書けない子がいる。
　途中の数から始める数唱や逆唱の練習をしたり，時には，百玉そろばんの玉を止めた時の数を言わせるのではなく，次の数や前の数を言わせる。

| 次の数（前の数）いくつ？ |

例1　162など途中から始める。「163」，「164」と唱えた後に発問する。
発問《次の数はいくつ？》　　　　　　　　　　児童〈165です。〉
例2　十の位が変わる問題を出す。
発問（「152」，「151」，「150」）《次の数はいくつ？》　児童〈149です。〉
例3　100より小さい数で，5とびや2とびも同じように問題も出していく。
発問（「25」，「30」，「35」）《次は？》　　　　児童〈40です。〉
例4　順唱で100から120まで唱えた後に発問する。
発問《5増えるといくつ？》　　　　　　　　　児童〈125です。〉
発問《5減るといくつ？》　　　　　　　　　　児童〈115です。〉

（小室由希江）

第9章　1月の重要単元

> **20よりおおきいかず**
> ③2位数同士，2位数と1位数のかんたんなたし算ひき算
> ## 「指さし」で基本形を理解させ，計算ミスを防ぐ
> たし算・ひき算の筆算では一の位から計算するので，一の位が空位でも一の位から計算させるように指導する。

1　一の位が空位の計算問題の場合

　言わせるだけだと，教師が言ったことを単にリピートしているだけになってしまうことがある。指さしをさせることで，どこの計算をしているかを理解させ，正しい計算の仕方を理解させる。

　教師が言った後，子ども達にも言わせて，以下の基本型を言うことが出来るようにする。

①「40+30の計算」

　右図のように，両方の一の位を指させて，隣と確認させる。

②「一の位。0+0=0」

③（十の位を指して）「十の位。4+3=7」

④「40+30=70」

　言えるようになったら，ノートに書かせる。

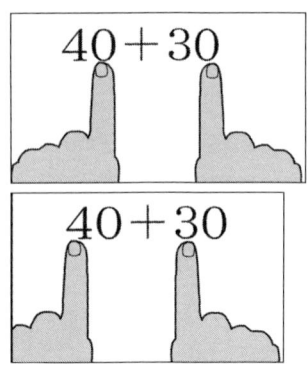

| 4 | 0 | + | 3 | 0 | = | | 0 |

2　十の位が空位の計算問題

　同じく，一の位から指さしを取り入れて指導する。

　空位のところは指せない時があるので，「見えないゆうれいの0ちゃんがいるんだよ」と教える。

①「30+2の計算」

②（一の位を指して）「一の位。0+2=2」

　説明「2は十の位の数がないね。十の位に見えないゆうれいの0ちゃんが

いるんです。」

空位のところは，少し手を浮かせる。

③（十の位を指して）「3+0=3」

④「30+2=32」

ひき算の場合も同様に，指さしで同じ位同士を計算することを教える。

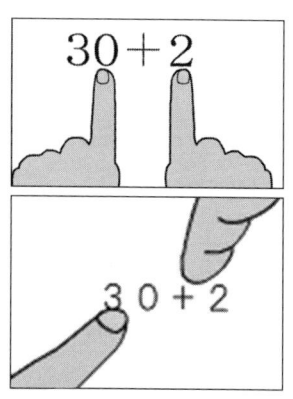

3 練習・復習で困っている子には，赤鉛筆で視覚支援

例題ではきちんと唱えていたのに，練習問題や復習問題になると，突然出来なくなってしまう子がいる。

その子ども達は，やはり位を理解出来ていないので，それに気付かせていく支援が必要である。

一の位だけを赤鉛筆で薄く□で囲んであげる。この視覚的な支援によって，一の位同士，十の位同士で計算することを教えていく。

【ノート】

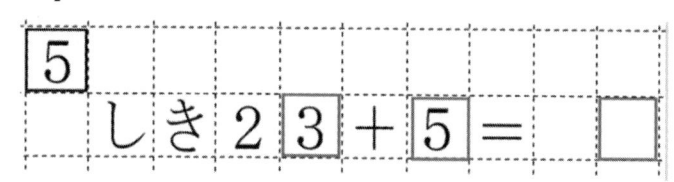

23+5の「3」と「5」と，解の一の位のところを教師が赤鉛筆で囲みを書き入れてあげる。それだけで納得がいって書き始めるだろう。

計算自体が苦手な子どもには，20玉そろばんを使わせる。

（小室由希江）

第10章　2月の重要単元

とけい　①短針の読み方
短針は「幅」で読むことを作業で理解させる

時刻を読む時，短針の読み間違いが多い。まず短針を見る「くせ」を付ける。

1　短針の読み間違いをなくす工夫

時刻を読む問題では，短針の読み間違いが多い。
①短針の近くの数字を読んでしまう。
②短針と長針を間違えて読んでしまう。

間違いをなくすために，短針だけに限定した作業指示を入れる。

> 手立て１：短針の読み方の「幅」を視覚的に捉える。

短針だけの教師用時計で，短針の読み方を練習する。
①短針を文字盤の数に合わせて読む。
　→数を読むので，簡単に読める。
②短針を文字盤の数からずらす。
「何時ですか。」
「１時です。」
「どうして１時と分かったのですか。」
「針が２に来るまでは１時だからです。」
　実際の時計で「１時」の間に短針が動く「幅」を確かめ，１時の間に短針が動く所を鉛筆で塗る。
　その時，１の目盛りの上は●で，２の目盛りの上は○で書く。
　同様に２時の間，３時の間と赤鉛筆（上図ではグレー）と鉛筆で交互に塗る。作業を通して，短針の読み方の「幅」をとらえさせる。

2　時刻を読む指導のステップ

短針が正しく読めるようになっても，時刻を読む時は，長針と短針を正しく

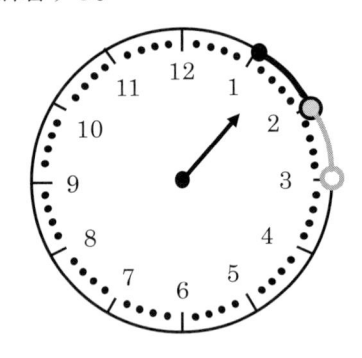

区別しなくては読み取ることは出来ない。一番難しいのは，短針が次の数に近付いてしまう⑤のような時である。何度繰り返しても間違えてしまう子が出る。だから，①から⑤の順にスモールステップで正しく読めるように進める。

①何時（例 1時）など長針が12を指している時刻。
②何時半・何時30分（例 7時半・7時30分）など長針が6を指している時刻。
③何時何分で，長針が数字を指している時刻。
④何時何分で，長針が数字以外の目盛り（1～29分）を指している時刻。
⑤何時何分で，長針が数字以外の目盛り（31～59分）を指している時刻。

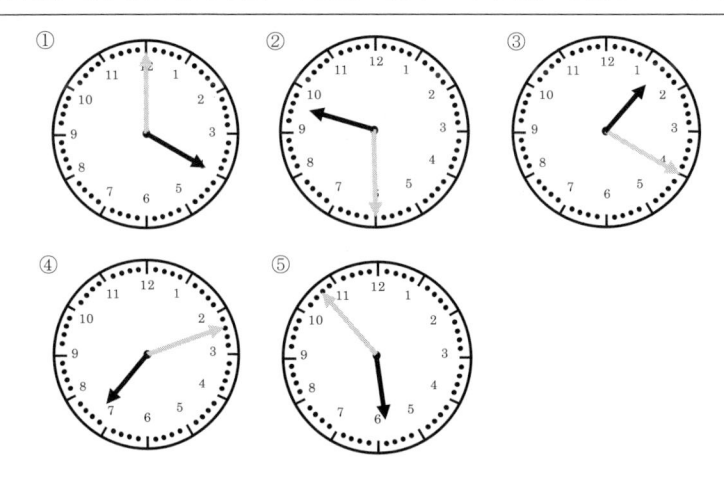

②以降，長針と短針を逆に読んでしまう児童がいる。その間違いを防ぐポイントは，まず短針を確認させることである。

手立て2：時刻を読む時，まず短針を意識させる。

「短い針を，指で押さえなさい。」
「短い針を，赤鉛筆で塗りなさい。」
などの，短針を意識させる指示を入れる。まず短針を見付ける「くせ」を付ける。短針と長針の読み間違いが少なくなる。

(中島詳子)

第10章 2月の重要単元

> とけい　②長針の読み方
> ## 数直線を「5とび」で読めることが,長針を読むコツ!
> 数直線を時計の目盛りへと変換させる。

学習の前に,長針の読みを楽に身に付けられる手立てをうっておく。

> 手立て1:1学期から「5とび,10とび」の数が言えるようにしておく。
> 手立て2:数直線の目盛りが「5とび,10とび」で読めるようにしておく。

ここまでの手立てを打っておくと長針を読む学習は次のように進めることが出来る。

1　60までの数直線を使って円を作る

用意するもの。
時計盤(黒板に貼れるもの),時計盤の円周に合わせた数直線,ひも

①**数直線を黒板に貼り,その下にひもを合わせる。**

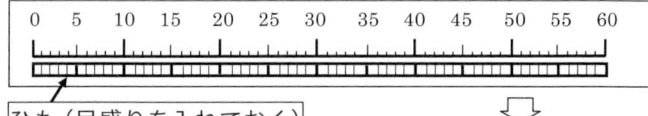

②**ひもを時計盤の周りに貼り円にする。**
ひもの目盛りの外側に数字を書く。

③**円にした数直線の目盛りを読ませる。**
60が0と重なることを確認し,
60の目盛りは0に戻ることを教える。

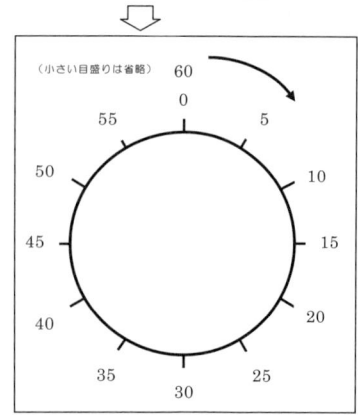

106

2 時計の文字盤の数字が5とびに並んでいることを確認する

　円にした数直線で目盛りの読み方を確認したら，円の内側に時計の文字盤を書く。「時計の数字は，5とびで数が書いてある。」ことに気付く。

3 文字盤の数字を5とびで読む

　時計の文字盤だけで正しく数字が読めるようにひもを外し，スモールステップで外側の数直線の目盛りを消していく。

①**外側の数字を残したまま5とびで読む。**
②**外側の数字を少しずつ消して，5とびで読む。**
③**文字盤の数字だけにして，5とびで読む。**

　時計の文字盤の数字だけで，「5とび」で読むことが出来るようになったら4に進む。

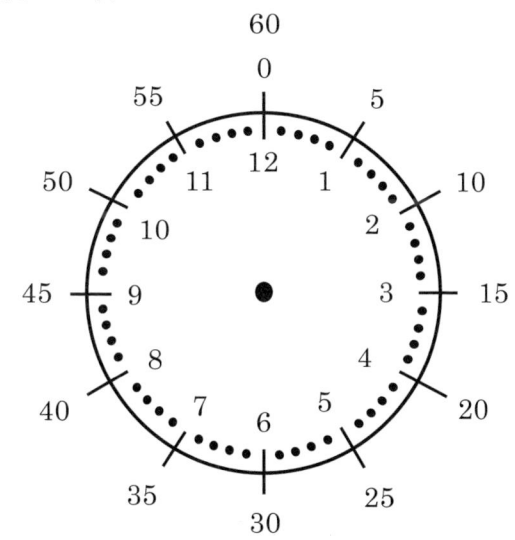

4 「何分」か読む

　教師用の時計で長針だけを使い，「何分」が読めるように練習する。この場合もスモールステップで進める。

①**5分や10分など文字盤の数字がある目盛りを読む。**
②**23分など，数字のない目盛りを読む。**

　答えを聞いた後，「5, 10, 15, 20」と5とびで進み，小さい目盛りを「21, 22, 23」と確かめる。

【**参考文献**】「向山型算数に挑戦」『向山型算数教え方教室』2003年3月号

（中島詳子）

第11章　3月の重要単元

> ずをつかってかんがえよう　①じゅんじょのず
> **挿絵を使って，先に答えを出す**
> 問題文が難解な時は，先に式を書くよりも，挿絵や図を使って答えから先に出す。そうすると子ども達は安心して取り組む。

1　つまずきポイント

> ひろしさんは，まえから6ばんめにいます。ひろしさんのうしろに4にんいます。みんなでなんにんいますか。

という問題。(東京書籍『新編あたらしいさんすう1下』56ページ)
　子ども達の中には，単元の意図に反して，以下のようなことをしてしまう子がいる。

> ①6と4の数字を見て考えもせずに「6+4」と書いてしまう。
> ②数え足し（単純に挿絵で一つずつ数えていく）をしてしまう。

「6ばんめ」「4にん」と単位が違うので単純なたし算をしてはいけない問題である。問題の意味を理解した上で，式を立てさせる必要がある。
　そのためには，以下のステップで学習する。

> ①挿絵を使って考える　②絵から答えを導く　③最後に立式する

2　教科書の挿絵にかき込む

　最初に挿絵の中でひろしさんの場所を確定する。
　《ひろしさんに，○を付けなさい。》
　《後ろに何人いますか。》　　〈4人です。〉
　《4人の前には何人いますか。》〈6人です。〉

"まえから6ばんめ"という言葉を"6にん"に変換する作業を挿絵でする。
　この時点で答えを聞くと，子ども達はうれしそうに「10人です。」と答える。

> 先に答えが分かるから，子ども達は安心する。

　安心出来るから自信を持って学習に参加出来る。

3　ノートにおだんご図・式をかかせる

　教科書の挿絵を，ノートにおだんご図にして描かせる。子どもが自分で図を描けるようになれば，テストでも解けるようになる。美しいノートを書かせるのは向山型算数の重要なシステムである。

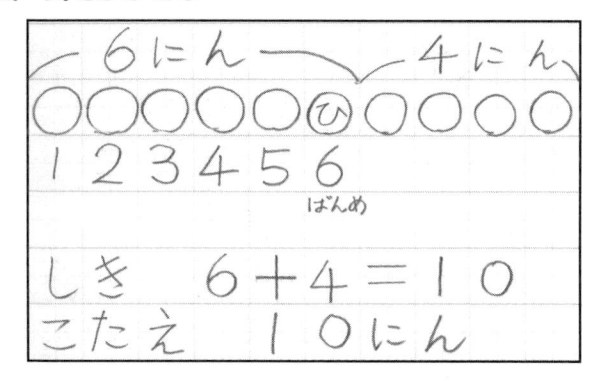

```
 ―6にん―　―4にん―
 ○○○○○○ひ○○○○
 1 2 3 4 5 6
          ばんめ

 しき　6＋4＝10
 こたえ　10にん
```

　すでに，教科書の挿絵で問題の内容をしっかり理解しているので，子ども達は，スムーズに図を描くことが出来る。その上で，最後に式を書く。

　通常の文章題は，立式して，答えを求める，という流れが基本である。
　しかし，この単元のように，立式すること自体が難しい問題・問題の内容理解が難しい問題は，先に答えが分かった上で式を書く方が子ども達が安心して取り組める。

【参考文献】「巻頭論文」『向山型算数教え方教室』2005年1月

（山本昇吾）

第11章　3月の重要単元

> ずをつかってかんがえよう　②くらべるず
> **手で隠すことで，図を分かりやすくする**
> たくさんの情報があって混乱する時は，情報を減らすために手で隠す。

1　つまずきポイント

> たかしさんとゆみさんは，おはじきとりをしました。ゆみさんは12こと りました。たかしさんは，ゆみさんより4こすくなかったそうです。たか しさんはなんことりましたか。

という問題。（東京書籍『新編あたらしいさんすう1下』61ページ）

　教科書におだんご図があるが，どこを見ていいのか一見分かりにくい。
　問題文の記述に沿って，条件となる数字を埋めていくと下の図のようになる。

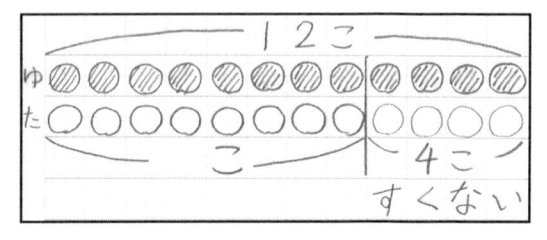

　ここで，「たかしさんはなんことりましたか」と問題文に書かれていることを問うても，子ども達は，「12こ」や「4こ」などと答えてしまう子がいた。
どこを見ていいのか，良く分からなかったのである。

2　いらない情報は見せない

　そこで，見なくていい部分は見せないことにする。 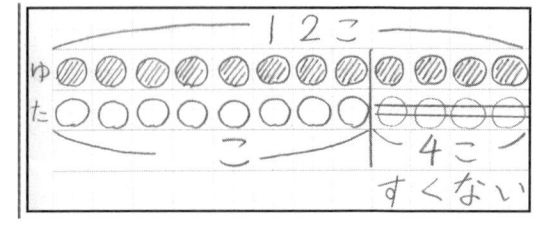
「たかしさんは4こ少ないです，少ないおはじきに線を引いて消します」
　この時点でも分かりやすいが，さらに指示。

「たかしさんの残ったところに赤く色を塗りなさい」

　これで，答えが際立つ。ここでだめ押しの指示。

「消したところが見えなくなるように手で隠しなさい。」

　いらない情報を見せない・いらない情報を隠す，というのは向山型算数の重要なシステムである。

　たくさんの情報が目に入っていると，子どもは処理しきれなくなって混乱してしまう。教科書の図・ノートの図も同じで，情報量が多い時は，手で隠すことで，図がシンプルになり，理解しやすくなる。一目で分かるようになる。

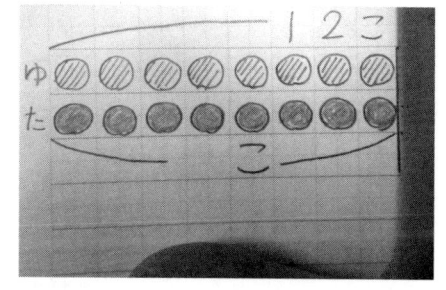

　手で隠すことを教師がやって見せるだけではなく，子ども自身にも，やらせることが大切である。

「隠せば簡単になる」という方法を子どもに教え，子どもが，また別の場面でも使えるようにしていく。

隠すことで，分かるようになる。

　子ども達は，「答えは8こ」と，すぐに分かる。

　この単元で共通しているのは，絵や図を使って答えを求めてから，最後に立式することである。答えが分かった上で式を考えるから子どもも安心する。

　だが最後の立式の時にも少しつまずくポイントがある。式を，8+4=12と書く子が出てくるのである。

　式を書かせる前に，「答えが"8"になるんだよ」ということを強調しておくとよい。

（山本昇吾）

第12章 TOSSランドのおすすめサイト

> 子どもからの驚きの声があがる！
> TOSSランドおすすめサイト1年
> **たし算・ひき算の授業の導入にこのフラッシュカードを！**
> 動きのあるフラッシュカードサイトを使うことで，視覚から理解する。

1 授業の導入にはフラッシュカードのサイトを

フラッシュカードのサイトを使っての導入である。

通常のフラッシュカードではなく，サイトを使う利点は，以下の3点である。

①動きがある	フラッシュのアニメーションで，玉がくっつく，もしくは離れていく様子が視覚的によく分かる。
②大きく映せる	プロジェクタで映すため，フラッシュカードより大きく映すことが出来る。
③机間巡視が出来る	ワイヤレスリモコンを使うことで，フラッシュカードから離れることが出来る。机間巡視しながら，苦手な子の近くで，いっしょに唱えることも出来るのである。

動きがあるサイトとは，どのようなものか？ 以下，TOSSランドから提案する。

2 たし算フラッシュカード（TOSSランド No.1153573）

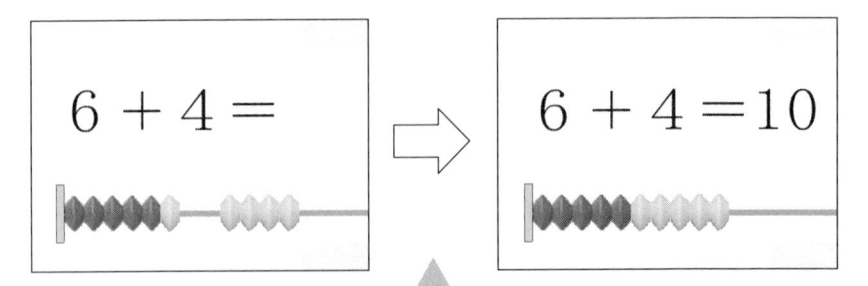

$6+4=$ ⇒ $6+4=10$

①の黄玉が，答えが表示されるとともに，左側に移動する。フラッシュカードを毎日行うことで，量感も合わせて身に付けることが出来る。

3 ひき算フラッシュカード（TOSSランド No.1167458）

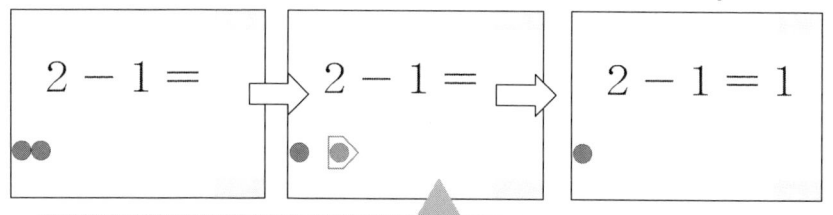

$$2-1=\quad \Rightarrow \quad 2-1=\quad \Rightarrow \quad 2-1=1$$

① 2つの赤玉が表示される。
② 1つの赤玉が矢印で囲まれる。
③ 矢印で囲まれた赤玉が右側に移動する。この赤玉はフェードアウトする。
④ 1つの赤玉だけが画面上に残る。答えも表示される。

　たし算，ひき算のフラッシュカードとも，ランダムに問題を出すことが出来るようになっている。（TOPページで選択する）

4 ひき算のフラッシュカードの導入例

教師	ひき算フラッシュカード
子ども	2-1= 1
	3-1= 2
教師	男の子だけ
男の子	4-1= 3
	5-1= 4
教師	女の子だけ
女の子	6-1= 5
	7-1= 6
教師	窓側の列，起立。1人ずつ言います（個別評定）
Aさん	8-1= 7
Bさん	9-1= 8

子どもの読む声に合わせて，画面をクリック。答えを表示させる。「8-1」のように，残る球の数が多い時は，子どもが言うより少し早く答えを表示させる。
（リズムを崩さないようにする）

　私のクラスでは，毎日，子ども達は，大きな声で楽しくフラッシュカードを読み上げていた。

（福原正教）

◎執筆者一覧

本間尚子	新潟県公立小学校
溝端久輝子	兵庫県公立小学校
市島直子	新潟県公立小学校
福原正教	奈良県公立小学校
川原奈津子	福岡県公立小学校
斎藤貴子	群馬県公立小学校
金崎麻美子	千葉県公立小学校
白井朱美	群馬県公立小学校
北島瑠衣	山口県公立小学校
福田辰徳	福岡県公立小学校
御子神由美子	千葉県公立小学校
佐藤貴子	愛知県公立小学校
津田奈津代	埼玉県公立小学校
楢原八恵美	兵庫県公立小学校
小室由希江	島根県公立小学校
中島詳子	東京都公立小学校
山本昇吾	北海道公立小学校
岩岸節子	福岡県特別支援教育支援員
石川裕美	東京都NPO法人翔和学園

◎協力

教学図書協会／東京書籍／啓林館／学校図書

参考文献中のTOSSランドナンバーに続く（旧）の表記は、
その文献が旧TOSSランド（2005年版）のものであることを示します。
TOSSランド　http://www.tos-land.net
TOSSランド（2005年版）　※旧TOSSランド　http://acv.tos-land.net
〈お問合せ〉TOSSランド事務局
〒142-0064 東京都品川区旗の台2-4-12 TOSSビル　TEL. 03-5702-4450

◎監修者紹介　向山洋一（むこうやま　よういち）

東京都生まれ。68年東京学芸大学卒業後、東京都大田区立小学校の教師となり、2000年3月に退職。全国の優れた教育技術を集め、教師の共有財産にする「教育技術法則化運動」TOSS（トス：Teacher's Organization of Skill Sharingの略）を始め、現在もその代表を務め、日本の教育界に多大な影響を与えている。日本教育技術学会会長。

◎編集者紹介　木村重夫（きむら　しげお）

1960年埼玉県生まれ。横浜国立大学教育学部卒。埼玉県公立小学校教諭。「NPO子どもの夢TOSS埼玉」代表。向山型算数セミナー事務局代表。TOSS祭りばやしサークル代表。算数教科書をリズムとテンポ良く教えて、平均90点を突破する向山型算数の指導法では定評がある。わかる・できる授業で子どもの自己肯定感を高め、クラスをまとめる。連続6回6年生を担任し、荒れたクラスを立て直して卒業させた経験をもつ。

新法則化シリーズ
「算数」授業の新法則　1年生編

2015年4月1日　初版発行
2018年2月20日　第2版発行
2021年4月30日　第3版発行

企画・総監修	向山洋一
編集・執筆	TOSS「算数」授業の新法則 編集・執筆委員会 （代表）木村重夫
企画推進コーディネイト	松崎 力
発行者	小島直人
発行所	株式会社 学芸みらい社 〒162-0833 東京都新宿区箪笥町31番箪笥町SKビル301 電話番号 03-5227-1266 http://www.gakugeimirai.jp/ E-mail : info@gakugeimirai.jp
印刷所・製本所	藤原印刷株式会社
ブックデザイン	荒木香樹
カバーイラスト	水川勝利
本文組版	株式会社ノルドペック

落丁・乱丁本は弊社宛お送りください。送料弊社負担でお取り替えいたします。

©TOSS 2015　Printed in Japan
ISBN978-4-905374-54-1 C3037

授業の新法則化シリーズ（全リスト）

書　名	ISBNコード	本体価格
「国語」　～基礎基本編～	978-4-905374-47-3 C3037	1,600 円
「国語」　～1年生編～	978-4-905374-48-0 C3037	1,600 円
「国語」　～2年生編～	978-4-905374-49-7 C3037	1,600 円
「国語」　～3年生編～	978-4-905374-50-3 C3037	1,600 円
「国語」　～4年生編～	978-4-905374-51-0 C3037	1,600 円
「国語」　～5年生編～	978-4-905374-52-7 C3037	1,600 円
「国語」　～6年生編～	978-4-905374-53-4 C3037	1,600 円
「算数」　～1年生編～	978-4-905374-54-1 C3037	1,600 円
「算数」　～2年生編～	978-4-905374-55-8 C3037	1,600 円
「算数」　～3年生編～	978-4-905374-56-5 C3037	1,600 円
「算数」　～4年生編～	978-4-905374-57-2 C3037	1,600 円
「算数」　～5年生編～	978-4-905374-58-9 C3037	1,600 円
「算数」　～6年生編～	978-4-905374-59-6 C3037	1,600 円
「理科」　～3・4年生編～	978-4-905374-64-0 C3037	2,200 円
「理科」　～5年生編～	978-4-905374-65-7 C3037	2,200 円
「理科」　～6年生編～	978-4-905374-66-4 C3037	2,200 円
「社会」　～3・4年生編～	978-4-905374-68-8 C3037	1,600 円
「社会」　～5年生編～	978-4-905374-69-5 C3037	1,600 円
「社会」　～6年生編～	978-4-905374-70-1 C3037	1,600 円
「図画美術」　～基礎基本編～	978-4-905374-60-2 C3037	2,200 円
「図画美術」　～題材編～	978-4-905374-61-9 C3037	2,200 円
「体育」　～基礎基本編～	978-4-905374-71-8 C3037	1,600 円
「体育」　～低学年編～	978-4-905374-72-5 C3037	1,600 円
「体育」　～中学年編～	978-4-905374-73-2 C3037	1,600 円
「体育」　～高学年編～	978-4-905374-74-9 C3037	1,600 円
「音楽」	978-4-905374-67-1 C3037	1,600 円
「道徳」	978-4-905374-62-6 C3037	1,600 円
「外国語活動」（英語）	978-4-905374-63-3 C3037	2,500 円

学芸を未来に伝える
学芸みらい社 GAKUGEI MIRAISHA

株式会社 学芸みらい社
〒162-0833 東京都新宿区箪笥町31番 箪笥町SKビル3F
TEL 03-5227-1266　FAX 03-5227-1267
http://www.gakugeimirai.jp/
e-mail info@gakugeimirai.jp